解密劳动争议的十七个难点问题

——劳动争议案件法律实务指南

编委会

主　编：杨　静

编　写：杨　静　张俊丽　王世莹　周冬平　宋超鹏　吴央勤
王　科　李梦玲　马峥嵘　王瑞芳　郑　顺　李彦君
唐海洋　杨雨翰　杨　熳　王文艳　尹纪为　张丽丽
谢伟超　赵嘉欣　杨丹丹　孟宪凯　李艳峥　麦冰冰
侯　明　李宗儒　王巧芊　牛云帆　黄　梅

泰和泰律師事務所
TAHOTA LAW FIRM

JIEMI LAODONG ZHENGYI DE
SHIQIGE
NANDIAN WENTI
——LAODONG ZHENGYI ANJIAN FALÜ SHIWU ZHINAN

解密劳动争议的十七个难点问题

——劳动争议案件法律实务指南

泰和泰律师事务所劳动人事法律中心／主编

四川大学出版社

项目策划：蒋姗姗
责任编辑：蒋姗姗
责任校对：周文臻
封面设计：墨创文化
责任印制：王　炜

图书在版编目（CIP）数据

解密劳动争议的十七个难点问题 ：劳动争议案件法律实务指南 / 泰和泰律师事务所劳动人事法律中心主编 . — 成都 ：四川大学出版社，2020.11（2023.9 重印）
ISBN 978-7-5690-3967-2

Ⅰ. ①解… Ⅱ. ①泰… Ⅲ. ①劳动争议－案例－中国－指南 Ⅳ. ①D922.591.5-62

中国版本图书馆 CIP 数据核字（2020）第 222413 号

书名　解密劳动争议的十七个难点问题——劳动争议案件法律实务指南

主　　编	泰和泰律师事务所劳动人事法律中心
出　　版	四川大学出版社
地　　址	成都市一环路南一段 24 号（610065）
发　　行	四川大学出版社
书　　号	ISBN 978-7-5690-3967-2
印前制作	四川胜翔数码印务设计有限公司
印　　刷	永清县晔盛亚胶印有限公司
成品尺寸	170mm×240mm
印　　张	15.75
字　　数	297 千字
版　　次	2020 年 12 月第 1 版
印　　次	2023 年 9 月第 2 次印刷
定　　价	80.00 元

◆ 读者邮购本书，请与本社发行科联系。
电话：(028)85408408/(028)85401670/
(028)86408023　邮政编码：610065
◆ 本社图书如有印装质量问题，请寄回出版社调换。
◆ 网址：http://press.scu.edu.cn

四川大学出版社
微信公众号

前　言

众所周知，劳动争议纠纷可能发生于劳动关系建立、履行、解除或终止的任何一个环节，因此劳动争议案件呈现出多元性和复合性的特征。全面依法治国的深入推进使得劳动者法律意识日渐增强，与此同时也促进了劳动争议案件的爆发式增长，越来越多的新矛盾、新问题、新争议出现在劳动实务领域。

个案裁判是将法律运用于实务的过程，当地劳动人事争议仲裁委员会、法院对具体争议尤其是重点、难点问题的裁判思路及规则，从侧面反映出该地区人力资源用工管理合规的内在要求，是该地区用人单位必须了解的内容。

泰和泰劳动人事法律中心专注于劳动法律实务，助力企业解决人力资源管理过程中的难点问题，力图促进劳资关系和谐，经过收集、整理，最终归纳出当前劳动争议纠纷中较为“经典”的十七个难点问题。本书坚持以问题为导向，采用“问题+观点+文件/案例”的体例，为读者展示不同省市对于特定问题的裁判思路和规则。希望本书能够解答读者疑惑，为读者规范用工管理、防范用工风险提供有益启发。如有遗漏或不当之处，敬请读者批评指正！

目 录

难点一

用人单位高级管理人员未签订书面劳动合同能否主张二倍工资？

根据《中华人民共和国劳动合同法》（以下简称《劳动合同法》）第八十二条规定："用人单位自用工之日起超过一个月不满一年未与劳动者订立书面劳动合同的，应当向劳动者每月支付二倍工资。"这一规定是否适用于所有员工？用人单位高级管理人员未签订书面劳动合同能否主张二倍工资？经检索发现，在司法实践中，我国各地法院对于该疑难问题主要存在以下三种裁判观点：

第一，若用人单位能够证明高级管理人员职责范围包括管理订立劳动合同等相关内容，且高级管理人员未主动要求用人单位与其签订书面劳动合同的，则在上述两项情形同时满足的情况下，法院一般对于高级管理人员要求用人单位支付签订书面劳动合同二倍工资的主张不予支持。若高级管理人员有证据证明其曾向用人单位提出签订劳动合同而遭到拒绝的，则法院将支持其二倍工资的诉求。持该观点的省市主要有：四川省、北京市、河北省、广东省、重庆市、湖南省、陕西省、云南省、山东省、天津市、江苏省等，且该观点为我国司法实践的主流观点。

第二，直接推定用人单位的高级管理人员明确知晓未与用人单位签订书面劳动合同的法律后果，对高级管理人员要求用人单位支付未签订书面劳动合同二倍工资的诉求不予支持，但高级管理人员可以证明其曾要求用人单位签订书面合面而遭到拒绝的除外。目前，持该观点的有上海市、浙江省、西藏自治区等少数省市。

第三，严格执行《劳动合同法》第八十二条的规定，不区分高级管理人员职责是否包括管理订立劳动合同等相关内容，只要用人单位未能举证证明系因高级管理人员的原因未签订书面劳动合同，就将支持二倍工资的诉求。持该观点的为贵州省、山西省等极少数省份。

地域：四川省

文件名称/案例名称

《四川省高级人民法院民一庭关于审理劳动争议案件若干疑难问题的解答》

主要内容/观点

第三十条　用人单位高管人员依据《劳动合同法》第八十二条规定向用人单位主张未签劳动合同二倍工资的，可予支持，但用人单位能够证明该高管人员职责范围包括管理订立劳动合同内容的除外。对有证据证明高管人员向用人单位提出签订劳动合同而被拒绝的，仍可支持高管人员的未签劳动合同二倍工资请求。用人单位的人事管理部门负责人或主管人员依据《劳动合同法》第八十二条规定向用人单位主张未签劳动合同二倍工资的，如用人单位能够证明订立劳动合同属于该人事管理部门负责人的工作职责，不予支持。有证据证明人事管理部门负责人或主管人员向用人单位提出签订劳动合同，而用人单位予以拒绝的除外。

地域：北京市

文件名称/案例名称

《北京市高级人民法院、北京市劳动争议仲裁委员会关于劳动争议案件法律适用问题研讨会会议纪要（二）》

主要内容/观点

第三十一条　用人单位法定代表人依据《劳动合同法》第八十二条规定向用人单位主张二倍工资的，一般不予支持。用人单位高管人员依据《劳动合同法》第八十二条规定向用人单位主张二倍工资的，可予支持，但用人单位能够证明该高管人员职责范围包括管理订立劳动合同内容的除外。对有证据证明高管人员向用人单位提出签订劳动合同而被拒绝的，仍可支持高管人员的二倍工资请求。用人单位的人事管理部门负责人或主管人员依据《劳动合同法》第八十二条规定向用人单位主张二倍工资的，如用人单位能够证明订立合同属于该人事管理部门负责人的工作职责，可不予支持。有证据证明人事管理部门负责人或主管人员向用人单位提出签订劳动合同，而用人单位予以拒绝的除外。

地域：河北省

文件名称/案例名称

郑某某与河北某专用汽车有限公司劳动争议案

主要内容/观点

本案上诉人郑某某作为负责人力资源的高级管理人员，没有提出足够的证据证明被上诉人恶意不与其订立书面劳动合同或者其提出订立书面劳动合同的请求后遭到被上诉人拒绝，应当认定其主张的该项权益不是合法权益，对其该项上诉理由本院不予支持。

补充说明

判断是否应当支付未签订书面劳动合同二倍工资差额的关键在于：(1) 高管的工作职责是否包含人力资源管理相关工作；(2) 是否有证据证明高管曾向用人单位主张过签订书面劳动合同并遭到拒绝。

地域：广东省

文件名称/案例名称一

广东某投资集团有限公司与李某劳动合同纠纷再审裁定书

主要内容/观点

广东某公司主张的另一种可能：双方确实没有签订书面劳动合同，但是李某是公司高管，未签订劳动合同系其未全面履行岗位责任所致。对该主张，广东某公司没有提交证据予以证明，市场企划部总监具有协助、督促劳动合同签订的职责。

文件名称/案例名称二

莫某与广东某信息技术有限公司劳动争议二审民事判决书

主要内容/观点

莫某入职后作为副总经理负责公司的行政人事等工作，比一般员工更具有劳动合同签订的法律意识，且其作为负责人事的副总经理，对于自身劳动合同的签订更应主动。莫某并未提交充足证据证明其曾向公司提出签订劳动合同的请求遭到拒绝，也未提交足够证据证明公司明确不与高管签订劳动合同的事实，因此法院不予支持其主张的二倍工资的请求。

补充说明

(1) 高管工作内容中不含协助、督促劳动合同签订的职责，未签订书面劳动合同的，可以主张二倍工资；(2) 高管对未签订劳动合同负有过错，用人单位无需支付高管未签订书面劳动合同的二倍工资。

地域：福建省

文件名称/案例名称

恒某投资公司与林某劳动争议二审民事判决书

主要内容/观点

本案中，恒某公司先是主张林某利用行政经理职务之便故意不签订书面劳动合同，后又称双方签订了书面劳动合同，但公司所有的劳动合同都由林某保管。首先，恒某公司未提供证据证明其上述主张；其次，林某离职时的《离职手续办理表》并未体现林某交接了相关的劳动合同；最后，对于已签订的书面劳动合同，恒某公司作为用人单位应履行妥善保管义务，对于高级管理人员或从事人事管理工作的劳动者的书面劳动合同，应当责令他人另行负责及保管。

补充说明

用人单位未提供证据证明高级管理人员对未签订劳动合同有过错的，高管可以主张二倍工资。

地域：湖南省

文件名称/案例名称

《湖南省劳动人事争议仲裁办案若干标准（试行）》

主要内容/观点

第三十六条　对人力资源管理、劳动合同签订工作负有领导、管理和经办职责的用人单位高管人员，人力资源部门工作人员，除能有充分的证据证明自己已经尽到了职责的外，其本人主张与用人单位未签订书面劳动合同二倍工资的，不予支持。

补充说明

在刘某与湖南某光伏公司劳动争议案件中法院适用该规定，同时援引了《湖南省劳动人事争议仲裁办案若干标准（试行）》第三十五条规定：用人单位有证据证明与劳动者建立劳动关系未签劳动合同，劳动者存在重大过错的，可以不支付二倍工资。由此可知：在对人力资源管理、劳动合同签订工作有领导、管理职责的高管之外的其他高管，除非是本人有重大过错，否则，仍然可以主张二倍工资。

地域：长沙市

文件名称/案例名称

刘某与湖南某投资公司劳动争议案

主要内容/观点

法院认为，刘某作为湖南某投资公司的高级管理人员，负责公司办公室、员工工资发放审核等人事管理工作，其应知道自己不与公司签订书面劳动合同的法律后果，故刘某作为湖南某投资公司的人事管理人员主张湖南某投资公司向其支付未签订书面劳动合同的二倍工资差额缺乏事实与法律依据，原审法院对此认定并无不当，二审法院维持原判。

地域：重庆市

文件名称/案例名称一

重庆某食品有限公司璧山分公司与张某劳动争议二审民事判决书

主要内容/观点

法院认为，本案争议焦点为张某未与某食品有限公司璧山分公司签订书面劳动合同的原因。根据本案查明的事实，可以看出张某是负有人事管理职责的某食品有限公司璧山分公司的高级管理人员，劳动者与某食品有限公司璧山分公司建立劳动关系、签订书面劳动合同等事项属于人事管理的范畴，且人员招聘本身就包含了签订书面劳动合同的内容，故可以认定张某负有与某食品有限公司璧山分公司签订劳动合同的职责。其本人没有与某食品有限公司璧山分公司签订书面劳动合同是张某没有履行相应的义务的结果，责任应当由张某自己承担，故其要求某食品有限公司璧山分公司支付未签订书面劳动合同二倍工资差额的请求，法院不予支持。

文件名称/案例名称二

谯某红与重庆市某职业培训学校劳动合同纠纷二审民事判决书

主要内容/观点

法院认为，本案争议焦点是被上诉人某职业培训学校是否应当支付上诉人未签无固定期限劳动合同的双倍工资差额。现评述如下：根据《劳动合同法》规定，用人单位与劳动者连续订立二次固定期限劳动合同，除劳动者提出订立固定期限劳动合同外，用人单位应当与劳动者订立无固定期限劳动合同。本案上诉人与被上诉人已连续订立两次固定期限劳动合同，按照法律规定，上诉人于 2016 年 11 月 9 日符合与被上诉人订立无固定期限劳动合同的法定情形，但双方仍续订的是固定期限劳动合同。审理中查明，上诉人谯某红在被上诉人处担任的是行政经理，其岗位职责内容包括负责公司员工合同的签订及人事档案管理等，该事实为上诉人谯某红与被上诉人于 2015 年 4 月 6 日签订的劳动合同，以及谯某红签字确认的《行政部谯某红岗位职责》所证实，这足以证明上诉人谯某红作为主管被上诉人单位劳动合同签订及人事档案管理的专职人员，在具备订立无固定期限劳动合同法定情形时仍签订了固定期限的劳动合同，该行为应视为其与被上诉人某职业培训学校协商一致的结果，并非被上诉人某职业培训学校违反法律规定故意所为，故上诉人谯某红要求被上诉人支付未订立无固定期限劳动合同的双倍工资差额，缺乏事实依据，法院不予支持。

补充说明

未检索到重庆地区支持高级管理人员未签订书面劳动合同二倍工资差额诉求的案例。若重庆地区高级管理人员负责人事工作，法院一般不支持未签订书面劳动合同二倍工资差额。若不负责人事工作，有可能要支持。

查到重庆市第三中级人民法院有过关于高级管理人员的裁判意见：若劳动者拒绝签订书面劳动合同，用人单位继续用工，用人单位是否应支付未签订书面劳动合同的二倍工资？一致意见认为：（1）对普通劳动者，按过错原则，由用人单位举证证明其已经尽到要求劳动者签订书面劳动合同的责任，劳动者拒签的，用人单位不再支付未签订书面劳动合同的二倍工资。（2）公司法定代表人、其他高级管理人员（董事长、经理、财务总监等）、人事负责人未签订书面劳动合同的，须由高级管理人员举证证明是公司不与其签订书面劳动合同，否则不支持未签订书面劳动合同的二倍工资。

地域：武汉市

文件名称/案例名称

武汉某展览有限公司与张某惠劳动争议一审民事判决书

主要内容/观点

法院认为：关于某公司与张某惠是否签订了书面劳动合同的问题，某公司提交了其与张某惠签订的劳动合同的复印件，未能提交劳动合同的原件，张某惠对此不认可，故本院认定某公司未与张某惠签订书面劳动合同。根据《劳动合同法》第十条、第八十二条的规定，某公司应支付张某惠 2015 年 6 月 4 日至 2015 年 12 月 4 日未签订书面劳动合同的双倍工资差额 84000 元（12000 元＋12000 元＋15000 元×4 个月），故对于某公司要求不支付张某惠未签订书面劳动合同二倍工资差额的诉讼请求，法院不予支持。

地域：上海市

文件名称/案例名称

周某与上海某自动化科技发展有限公司追索劳动报酬纠纷一审民事判决书

主要内容/观点

法院认为，虽然在原告在职期间，被告未与原告签订书面劳动合同，但法院注意到，一方面从本案系争的股权激励协议看，该协议中多处内容提及需与原告签订劳动合同，由此可表明被告并不存在恶意不与原告签订劳动合同的情形；另一方面从原告在被告处的实际岗位看，原告系以被告副总兼市场总监的身份入职被告，且入职后从原告安排刘某发布（销售）人员招聘信息、对应聘人员进行面试，确定销售人员骆某某的劳动合同以及工资标准以及进行市场开发等工作的情况来看，原告也确实从事着市场和营销方面的管理工作，因此作为被告公司的高级管理人员，原告自身在签订劳动合同方面具有一定的能动性，且原告也确认其并未向被告提出过签订劳动合同的要求，因此亦不存在被告拒绝与其签订劳动合同的情形。

补充说明

通过检索到的多份判例可以归纳出以下结论：上海法院基本上都会推定高级管理人员是知晓不签劳动合同的法律后果的，所以如没有证据证明高级管理人员曾经要求签订劳动合同，则不支持二倍工资。

地域：浙江省

文件名称/案例名称

李某与被告杭州某科技有限公司劳动争议一案

主要内容/观点

本案被告认为双方未签订书面劳动合同系原告故意利用职权不签所致，理由是原告享有公司的经营决策权、管理权及人事管理权等，但其对“原告具有人事管理权及故意利用职权不签”等相应事实，未提供相应的充分有效证据予以证实，且法律并未就用人单位中除人力资源等部分负责人之外的相应管理人员签订书面劳动合同做不同规定，故应由被告承担未签订书面劳动合同二倍工资的差额部分。

补充说明

同上海地区观点一致。

地域：贵州省

文件名称/案例名称一

李某与贵州某矿业公司劳动争议纠纷案民事判决书

主要内容/观点

李某是矿长，属于企业的高级管理人员，但其并非公司的股东，其与用人单位之间是劳动关系，李某属于劳动者。根据《劳动合同法》“用人单位自用工之日起超过一个月不满一年未与劳动者订立书面劳动合同的，应当向劳动者每月支付双倍的工资”的规定，签订劳动合同的义务在用人单位，在因劳动者的原因没有签订劳动合同的情形下，应当由用人单位承担举证责任，而本案中用人单位贵州某矿业公司并未提供其要求李某签订合同的证据，且在本案的审理中，其一直否认李某与该公司有劳动关系，故本案中没有证据证明李某对未签订劳动合同有过错，贵州某矿业公司应当向李某支付因未签订劳动合同的11 个月的双倍工资。

文件名称/案例名称二

上诉人贵州某餐饮公司与被上诉人赵某新劳动争议纠纷一案二审判决书

主要内容/观点

双方签订的劳动合同于 2014 年 6 月 27 日到期，之后一直未续签劳动合同，根据《劳动合同法》第八十二条规定，用人单位自用工之日起超过一个月不满一年未与劳动者订立书面劳动合同的，应当每月向劳动者支付两倍的工资。贵州某餐饮公司依法应当向赵某新支付 2014 年 7 月 28 日至 2014 年 9 月 28 日期间未签订书面劳动合同的双倍工资，赵某新主张双倍工资的计算应以其 2014 年 6 月起前 12 个月的平均工资 8734.9 元为标准无法律依据，法院不予采信。因赵某新在 2014 年 8 月、9 月实际应得工资低于贵阳市最低工资标准每月 1250 元，故原判认定贵州某餐饮公司应向赵某新支付未签订书面劳动合同二倍工资为 2500 元并无不当，法院予以维持。

文件名称/案例名称三

宗某与贵阳某房地产公司劳动争议二审民事判决书

主要内容/观点

因上诉人宗某自 2010 年 9 月 1 日应聘进入贵阳某房地产公司，一直未签订书面劳动合同书，贵阳某房地产公司应按《劳动合同法》规定支付宗某自用工之第二个月起至用工满一年期间即 2010 年 10 月 1 日至 2011 年 10 月 1 日期间未签订劳动合同的二倍工资，但双倍工资不同于劳动者提供劳动实际应获得的劳动报酬，双倍工资是劳动法律对用工单位违反签订书面劳动合同的法律义务的强制性规定，具有惩罚性，因此，劳动者请求双倍工资的仲裁时效应从用工行为满一年或订立书面劳动合同之时起算，本案中关于双倍工资的诉请即应从2011年10月开始计算仲裁时效，宗某权于2014年2月19日向劳动仲裁委申请支付未签订劳动合同的双倍工资，已超过一年的仲裁时效期间，故上诉人主张签订劳动合同的双倍工资，本院不予支持。

补充说明

从贵州省仅有的少数案例可以看出，在判断是否应当支付未签订书面劳动合同二倍工资差额上，法院未区分原告是否具有高级管理人员属性。

地域：陕西省

文件名称/案例名称一

张某某与西安市某某天然气股份有限公司劳动争议再审民事判决书

主要内容/观点

虽然张某某在单位的职务是工程技术负责人，但其并不负有与单位签订劳动合同的义务，对未签订劳动合同并无过错，原审判决以张某某为公司管理人员，负有督促公司与其签订劳动合同的义务为由，不支持其未签订书面劳动合同的二倍工资的诉请，与相关法律规定不符。

文件名称/案例名称二

陕西某雀酒店有限公司与郭某某劳动争议二审民事判决书

主要内容/观点

郭某某入职某雀酒店前曾在其他酒店担任过人事专员，入职后也担任的是行政人事专员，从事行政人事管理工作，故其应知劳动者入职后应及时与用人单位签订书面劳动合同及用人单位不与劳动者签订书面劳动合同的法律后果，但郭某某在职期间，未曾提出与某雀酒店签订书面劳动合同的要求，客观上亦未与某雀酒店签订书面劳动合同，其自身存在过错，应当承担相应的法律后果。

补充说明

经过案例检索，我们可以得出以下结论：（1）若原告作为法定代表人未签订书面劳动合同，一般不支持其未签订书面劳动合同的二倍工资差额；(2) 若原告属于其他高管，则法院将区分其具体工作职责是否包含人力资源管理相关工作，且考虑其是否向用人单位主张过签订劳动合同并遭到拒绝。

地域：山西省

文件名称/案例名称一

山西某森集团房地产开发有限公司与王某某劳动争议纠纷二审民事判决书

主要内容/观点

本案中，某森公司与王某某建立劳动关系未订立书面劳动合同，王某某入职时所签的职位申请表并非劳动者王某某与某森公司就建立劳动关系的相关事项达成合意后共同签署，而是王某某向某森公司应聘职位时先由其单方填写个人信息，而后交由某森公司逐级进行人事任用审批之用，且该职位申请表亦不具备《劳动合同法》第十七条所规定的劳动合同所应具备的必备条款，不能等同于劳动合同，故某森公司仍应当承担未订立书面劳动合同的法律责任，即向王某某支付其任职期间的二倍工资。

文件名称/案例名称二

段某某与山西某森集团房地产开发有限公司劳动争议二审民事判决书

主要内容/观点

本案中，某森公司与段某某签订的《某森集团副总工 2014 年度绩效目标责任书》明确约定了上诉人段某某的工作部门、工作关系、岗位职责、工作权限、薪酬规划、考核及兑现办法等内容。该责任书虽在形式上与普通的劳动合同存在一定差别，亦未完全具备劳动合同法所规定的必备条款，但其内容已基本达到了明确双方劳动关系及主要权利义务的作用，可以将其视为双方签订的书面劳动合同，故对上诉人段某某要求某森公司支付未签订书面劳动合同二倍工资差额的请求，本院不予支持。

文件名称/案例名称三

马某与太原某某培训学校劳动争议二审民事判决书

主要内容/观点

依照《劳动合同法》第八十二条“用人单位自用工之日起超过一个月不满一年未与劳动者订立书面劳动合同的，应当向劳动者每月支付二倍工资”的规定，太原某某培训学校在上诉人马某自 2009 年 4 月 7 日到其校工作后一直未与其订立书面劳动合同，故依法应向上诉人马某支付每月二倍工资。

补充说明

检索的案例结果显示，在是否应当支付未签订书面劳动合同二倍工资差额的问题上，法院并未区分劳动者是否具有高级管理人员属性。

地域：云南省

文件名称/案例名称一

《云南省高级人民法院关于审理劳动争议座谈的会议纪要》

主要内容/观点

（八）用人单位未依法与劳动者订立书面劳动合同的，应当依法向劳动者支付二倍工资，但有下列情形之一的除外：……（3）用人单位法定代表人（或主要负责人）向用人单位主张二倍工资的；（4）用人单位高管人员向用人单位主张二倍工资，用人单位能够证明该高管人员职责范围包括管理订立劳动合同内容的，但有证据证明高管人员向用人单位提出订立书面劳动合同而被拒绝的除外；（5）用人单位的人事管理部门负责人或主管人员向用人单位主张二倍工资，用人单位能够证明订立劳动合同属于该人事管理部门负责人或主管人员工作职责的，但有证据证明人事管理部门负责人或主管人员向用人单位提出订立书面劳动合同而被拒绝的除外。

文件名称/案例名称二

云南某生物科技有限责任公司与高某某劳动争议案

主要内容/观点

因高某某先后担任总经理、副总经理职务，属于公司高级管理人员，应当明知不签订劳动合同的法律责任，且其具有人事权，故法院对其要求支付未签订书面劳动合同二倍工资差额的诉讼请求不予支持。

文件名称/案例名称三

邢某某与云南某工程生物技术有限公司劳动争议纠纷案

主要内容/观点

上诉人与被上诉人之间通过邮件发送的公司高级管理人员聘用补充合同的内容载明了双方的名称、上诉人的工作职位、聘用期限等条款，具备劳动合同的主要条款，且上诉人系被上诉人常务副总经理，在和用人单位签订劳动合同的情况方面应具有其特殊性。故法院认定该份公司高级管理人员聘用补充合同具备劳动合同的性质，应视为双方已签订了劳动合同，因此对上诉人要求被上诉人支付未签订书面合同双倍工资差额的请求予以驳回。

文件名称/案例名称四

赵某某与昆明某设计装饰工程有限责任公司劳动争议纠纷案

主要内容/观点

原告作为总经理，因其本人直接参与公司的经营管理，在其未提交证据证明被告通过公司章程或股东会的形式拒绝与其签订劳动合同的情形下，其未与被告签订劳动合同系属于怠于履行其职责的行为。故被告无需向原告支付未签订书面劳动合同的二倍工资差额。

文件名称/案例名称五

陈某某诉云南某镍业有限公司劳动争议纠纷案

主要内容/观点

法院认为，《劳动合同法》第八十二条规定：“用人单位自用工之日起超过一个月不满一年未与劳动者订立书面劳动合同的，应当向劳动者每月支付二倍的工资。用人单位违反本法规定不与劳动者订立无固定期限劳动合同的，自应当订立无固定期限劳动合同之日起向劳动者每月支付二倍的工资。”《云南省高级人民法院关于审理劳动争议座谈的会议纪要》规定：“用人单位未依法与劳动者订立书面劳动合同的，应当依法向劳动者支付二倍工资，但有下列情形之一的除外：……（4）用人单位高管人员向用人单位主张二倍工资，用人单位能够证明该高管人员职责范围包括管理订立劳动合同内容的，但有证据证明高管人员向用人单位提出订立书面劳动合同而被拒绝的除外。”本案中，被告公司并未向本院提交证据证明原告陈某某的工作职责范围包括管理和订立劳动合同，故被告云南某镍业有限公司应当依法向原告支付未签订书面劳动合同的二倍工资差额。

文件名称/案例名称六

上诉人云南某生物科技有限公司因与被上诉人刘某劳动争议纠纷案

主要内容/观点

根据《云南省高级人民法院、云南省人力资源和社会保障厅关于审理劳动争议案件若干问题的会议纪要》三：二倍工资的计算和例外情形（八）第五条“用人单位的人事管理部门负责人或者主管人员向用人单位主张二倍工资，用人单位能够证明订立劳动合同属于该人事管理部门负责人或者主管人员工作职责的，但有证据证明人事管理部门负责人或者主管人员向用人单位提出订立书面劳动合同而被拒绝的除外”的规定，上诉人提交的证据只能证明被上诉人对公司其他劳动者劳动合同订立负有审核的职责，不能证明被上诉人代表公司与劳动者签订书面劳动合同属于被作为人力资源部门负责人的上诉人的工作职责。结合劳动者本人无权也不可能自己代表公司与自己订立劳动合同的公知常理，上诉人将双方未订立书面劳动合同归责于被上诉人，认为被上诉人作为人力资源部经理有责任和义务与公司订立劳动合同的主张有违常理，法院不予支持。

文件名称/案例名称七

昆明某市场管理有限公司与赵某劳动争议案

主要内容/观点

公司主张赵某主管公司的行政和人事，不应支付二倍工资，但并未举证证明订立劳动合同属于赵某的工作职责。故对其不支付二倍工资的诉请一审法院不予支持。

地域：西藏自治区

文件名称/案例名称

黄某与西藏林芝某实业有限公司劳动争议一审民事判决书

主要内容/观点

原告黄某作为被告西藏林芝某实业有限公司的高管人员，曾在不同酒店从事过经营管理工作，理应对劳动关系熟知。同时，法院认定原告主张的二倍工资已过时效，故对原告要求被告支付因未依法签订书面《劳动合同书》的双倍工资的诉请，不予支持。

补充说明

检索到的高管人员未签订劳动合同主张二倍工资的相关案例很少。因本案中法院还认定已过仲裁时效，所以判决书未明确若仅因原告黄某是高管，法院是否支持二倍工资。

地域：山东省

文件名称/案例名称一

钟某与青岛某中医药文化发展有限公司追索劳动报酬纠纷二审民事判决书

主要内容/观点

钟某作为总经理及法定代表人，规范企业用工管理等工作系其职责，其中包括规范公司与自己之间的劳动关系。

文件名称/案例名称二

青岛某器材有限公司与逄某劳动争议二审民事判决书

主要内容/观点

逄某作为人事部负责人，其对有关劳动用工的法律、法规较其他普通劳动者应更熟悉，员工的录用、考核及劳动合同的签订系其主要工作职责。

补充说明

高级管理人员的工作职责若包含与员工签订劳动合同，亦无证据证明其向用人单位提出过签订书面劳动合同的请求而被拒绝，则其主张二倍工资，法院不予支持。

地域：安徽省

文件名称/案例名称

安徽某农业有限责任公司与黄某劳动争议二审民事判决书

主要内容/观点

黄某既是安徽某农业有限责任公司股东，又担任其公司总经理，全面负责公司经营管理，其个人对未签订劳动合同负有过错，法院对于黄某未签订书面劳动合同主张二倍工资不予支持。高级管理人员主张未签书面劳动合同二倍工资是否能得到支持，需要分情况，如高级管理人员对此有过错，则法院不予支持，如高级管理人员无过错则可能得到支持。

补充说明

用人单位高级管理人员对未签订劳动合同负有过错，用人单位无需支付高级管理人员未签订书面劳动合同二倍工资。

地域：天津市

文件名称/案例名称

上诉人深圳某国际物流有限公司天津分公司与被上诉人王某劳动争议案

主要内容/观点

在用人单位的法定代表人、高管人员、人事管理部门负责人或主管人员未与用人单位订立书面劳动合同的情况下，能否支持此类人员的二倍工资，要具体问题具体分析。用人单位法定代表人依据《劳动合同法》第八十二条规定向用人单位主张二倍工资的，一般不予支持。用人单位高管人员依据《劳动合同法》第八十二条规定向用人单位主张二倍工资的，可予支持，但用人单位能够证明该高管人员职责范围包括管理订立劳动合同内容的除外。在有证据证明高管人员向用人单位提出签订劳动合同而被拒绝的情况下，仍可支持高管人员的二倍工资请求。用人单位的人事管理部门负责人或主管人员依据《劳动合同法》第八十二条规定向用人单位主张二倍工资的，如用人单位能够证明订立劳动合同属于该人事管理部门负责人的工作职责，可不予支持。有证据证明人事管理部门负责人或主管人员向用人单位提出签订劳动合同，而用人单位予以拒绝的除外。

地域：江苏省

文件名称/案例名称

《江苏省高级人民法院关于审理劳动人事争议案件的指导意见（二）》

主要内容/观点

第六条　用人单位与其高级管理人员未签订书面劳动合同，但用人单位能够提供聘任决定聘任证书，证明双方存在劳动权利义务，且已实际履行的高级管理人员，以未签订书面劳动合同为由请求用人单位支付双倍工资差额的不予支持。

补充说明

适用上述规定时，对劳动者身份的认定较为严格，一般来说其应当属于《中华人民共和国公司法》（以下简称《公司法》）第二百一十六条第一项规定中的公司的经理、副经理、财务负责人，上市公司董事会秘书和公司章程规定的其他人员。另外，江苏省高级人民法院（2018）苏民申 2909 号民事裁定书显示，高级管理人员与所在单位订立劳动合同既是取得管理职权的前提也是履行管理职责的基础，除非其能举证证明未签订劳动合同的过错不在自身而是企业故意拖延或者恶意拒签，否则不宜轻易适用二倍工资罚则。

难点二

双方在劳动合同中约定“合同期满自动顺延”，劳动者是否可以主张二倍工资？

很多用人单位为规避在劳动合同期满后未及时与劳动者续签书面劳动合同而导致二倍工资差额的法律风险，便在劳动合同中约定了“本合同期满后，视为双方协商一致自动延续”等类似的条文，但上述约定是否有效？是否可以完全避免未及时签订书面劳动合同二倍工资差额的法律风险？为解答以上疑惑，本所律师对各地法院关于上述情形的认定观点进行了大量检索。经检索发现，在司法实践中，我国法院对于上述问题存在以下观点：

第一，明确规定若用人单位与劳动者在劳动合同中已经约定劳动合同到期续延的，劳动者主张未签订劳动合同的二倍工资不应支持。例如，北京、江苏等少数地区对该问题在会议纪要或指导文件等中对此予以明确。

第二，部分法院认为“自动延续”系双方协商一致的结果，应当认定为合法有效，若劳动者以此为由主张未签订劳动合同的二倍工资不予支持。

第三，还有部分法院认为，签订书面劳动合同是用人单位的法定义务，合同约定的“自动延期”的内容的实质是免除用人单位该法定义务，排除劳动者要求签订书面合同的权利，其因违反法律规定而无效。

以上仅为本所律师根据现已公布裁判文书所归纳的观点，仍有大多数省市未有与上述问题相类似的裁判文书或明确的指导意见，如云南、山东、贵州等地。故律师建议，若用人单位在日常管理中拟将上述条文作为劳动合同条款之一，则应当注意了解所在地区法院对于该难点问题的观点，并且明确约定自动延续的期限，且仅适用一次，以尽可能避免被认定为排除劳动者合法权益的法律风险。同时，用人单位注意及时与劳动者续签劳动合同才是避免支付未签订书面劳动合同二倍工资差额的根本解决之道。

地域：四川省

文件名称/案例名称

成都市某木业有限责任公司与黄某劳动争议再审民事判决书

主要内容/观点

成都市某木业有限责任公司主张其与黄某在 2008 年 2 月 18 日签订的《劳动合同书》中明确约定劳动合同到期后未续签，劳动合同期限自动顺延，无需双方再行协商确认。成都市某木业有限责任公司不存在未与黄某订立书面劳动合同的过错情形。经查，该《劳动合同书》第二十七条载明，双方一致同意增加以下内容："本合同到期后如未续签，按本合同履行。"法院认为，首先，劳动合同书由用人单位保存，且该内容是在合同空白处手写的内容，该约定是否为双方真实意思表示无法确定。其次，成都市某木业有限责任公司主张双方约定未续签，按原合同履行，该约定缺乏劳动合同的基本要素，且并未对劳动合同限期、工资待遇、工种等进行规定，因此，并不能依据该约定的内容认定双方之间存在书面劳动合同。订立书面的劳动合同是用人单位的法定义务，有利于约束用人单位与劳动者建立劳动关系时不规范的行为，综上，该约定不能排除用人单位与劳动者签订书面劳动合同的法定义务。综上，成都市某木业有限责任公司的该项再审理由不成立，法院不予采纳。

补充说明

四川地区仅有上述 2015 年的一个案例支持劳动者主张二倍工资。

地域：北京市

文件名称/案例名称

《北京市高级人民法院、北京市劳动争议仲裁委员会关于劳动争议案件法律适用问题研讨会会议纪要（二）》

主要内容/观点

第三十二条　因用人单位与劳动者在劳动合同中已经约定劳动合同到期续延，但未约定延续期限，在劳动合同到期后，劳动者继续工作，双方均未提出解除或终止劳动合同时，属于双方意思表示一致续延劳动合同，可视为双方订立一份与原劳动合同内容和期限相同的合同，故劳动者主张未签订劳动合同的二倍工资不应支持。

地域：河北省

文件名称/案例名称

李某、朱某某等人与巨龙公司劳动争议案

主要内容/观点

原告与吊装队签订的劳动合同到期后，双方既未续签也未终止，均未表示异议。根据《最高人民法院关于审理劳动争议案件适用法律问题的解释》中第十六条之规定，应视为双方同意以原条件继续履行劳动合同，不属于《劳动合同法》第八十二条规定的支付二倍工资的情形。

补充说明

从本案引用的仲裁裁决书的理由和本案的裁判观点，可看出在合同期满自动顺延的情形下，视为双方按原条件签署了书面劳动合同，法院对劳动者主张二倍工资的请求不予支持。

地域：广东省

文件名称/案例名称

罗某与佛山市南海区某金属制品厂劳动合同纠纷二审民事判决书

主要内容/观点

根据自动顺延期间的约定，双方按劳动合同原来约定的条件继续履行至双方劳动关系终止之日为止，双方之间的权利义务自始至终处于确定而稳定的状态，罗某因原来签订的劳动合同所获得的权利亦得以延续，本条关于劳动合同期限自动顺延的约定使 2017 年 1 月 1 日之后所继续履行的劳动合同已具备无固定期限劳动合同的特征，故不存在罗某所称侵犯其可签订无固定期限劳动合同的权益的情形。

补充说明

对于合同期满自动顺延，未侵犯劳动者合法权益，不支持员工双倍工资。

地域：湖南省

文件名称/案例名称一

湖南某设备公司与仇某周劳动争议案

主要内容/观点

法院认为，签订书面劳动合同是用人单位的法定义务，合同约定“自动延期”的内容，其实质是免除用人单位该法定义务，排除劳动者要求签订书面合同的权利，也与本案中双方本应依法签订无固定期限劳动合同的事实相悖。故该“自动延期”的约定因违反法律规定而无效。

补充说明

该劳动合同中约定的“自动顺延”并无期限限制。

文件名称/案例名称二

长沙某咨询公司与蒋某劳动争议案

主要内容/观点

因双方在2014年9月12日签订的《劳动合同》中，明确约定了“本劳动合同期满后，若双方对本合同的继续履行无异议的，则自动顺延一年，所约定的各项条款继续有效”。该约定系双方真实的意思表示，且未违反法律规定，对双方均具有约束力。在2015年8月31日劳动合同期满后，双方均未提出异议，故依约定该劳动合同期自动顺延一年，某咨询公司无须向蒋某支付二倍工资。

补充说明

合同约定的“自动顺延一年”，对顺延的期限进行了明确，与案例一中原被告没有对顺延期限进行约定有明显区别。

地域：上海市

文件名称/案例名称

张某与上海某投资管理有限公司劳动合同纠纷一审民事判决书

主要内容/观点

法院确认《员工手册》作为劳动合同附件对双方具有约束力。根据被告处《员工手册》的规定，劳动合同期满或双方约定的劳动合同终止条件出现，未接到公司通知劳动合同终止者，劳动合同自动顺延一年。顺延期间双方约定的劳动合同条款继续有效并履行，顺延合同期满时自动终止。现原、被告签订的劳动合同于 2016 年 5 月 30 日期满，期满时原告并未接到被告的终止通知，之后原告继续从事原工作，被告继续按原工资标准向原告发放工资，双方继续按原合同条款履行，此情形符合上述合同顺延情形，即原合同自 2016 年 7 月 1 日起顺延一年。故双方自 2016 年 7 月 1 日起未再签订书面合同系基于原合同发生的顺延，并非被告故意不签合同，故对原告主张的二倍工资差额，法院不予支持。

地域：浙江省

文件名称/案例名称

方某与宁波市某厨房工程有限公司劳动争议一审

主要内容/观点

宁波市某厨房工程有限公司已于 2008 年 5 月和方某签订了权利义务非常明确的聘用合同，不存在不与方某订立书面劳动合同的主观故意，且该聘用合同约定合同期满后双方无异议地自动顺延 2 年。事实上，双方在工作岗位、薪资报酬等主要方面的劳动权利义务一直在按照该聘用合同实际履行。因此，即使双方未订立落款日期为 2011 年 5 月 12 日的劳动合同，在聘用合同到期自动顺延 2 年到期后，也应认为双方认可该聘用合同主要条款继续顺延。综上，方某要求宁波市某厨房工程有限公司支付 2013 年 6 月 15 日至 2014 年 5 月 14 日期间二倍工资差额，以及 2014 年 5 月 15 日至 2015 年 3 月 31 日止未签订无固定期限劳动合同二倍工资差额的请求，依据不足，一审法院不予支持。

地域：贵州省

文件名称/案例名称

王某智与凯里某物业公司劳动争议二审民事判决书

主要内容/观点

本案中，2015 年 8 月 17 日，凯里某物业公司与王某智签订固定期限劳动合同一份，合同约定“固定期限为自 2015 年 6 月 1 日起至 2016 年 5 月 30 日止”，同时双方在该合同第十五条约定“单年合同到期后，双方对劳动约束无异议的，则合同自动顺延，直至双方另行签订合同为止”。王某智称双方签订有第二份劳动合同，但凯里某物业公司否认，而仅凭王某智所提供的证人证言不足以证明双方有签订第二份劳动合同的事实存在。王某智与凯里某物业公司签订的一年期劳动合同于 2016 年 5 月 30 日期满后，王某智仍然继续在凯里某物业公司工作，未另行签订劳动合同，且双方也未提出异议，说明双方已按原合同关于“自动顺延”的约定继续按原合同履行。因双方对“顺延”期限没有约定，应视为无固定期限劳动合同。与固定期限合同相比，无固定期限合同更是加强了对用人单位的约束，故一审认定为“无固定期限”的劳动合同并无不当。王某智称“顺延”也只能参照原合同的“一年”期限顺延一年的说法，没有法律依据。依《最高人民法院关于审理劳动争议案件适用法律若干问题的解释》第十六条的规定，也不能得出“顺延期限只能与原合同期限相同”的结论。《劳动合同法》第八十二条规定，“用人单位自用工之日起超过一个月不满一年未与劳动者订立书面劳动合同的，应当向劳动者每月支付二倍的工资。用人单位违反本法规定不与劳动者订立无固定期限劳动合同的，自应当订立无固定期限劳动合同之日起向劳动者每月支付二倍的工资”。本案中，双方已签订有劳动合同，同时约定期满后顺延合同，不存在“未与劳动者签订书面合同”的事实，故不适用《劳动合同法》第八十二条和第十四条关于“双倍工资”和“订立无固定期限劳动合同”的规定。

补充说明

双方对劳动合同顺延期限有约定的，则从约定，若双方对“顺延”期限没有约定，则视新合同为无固定期限劳动合同。

地域：陕西省

文件名称/案例名称

陕西某叁房地产开发有限公司与吴某某劳动争议二审民事判决书

主要内容/观点

本案中，双方在最后签订的劳动合同中约定：劳动合同到期后，若双方未提出书面异议劳动合同自动顺延。2015 年 5 月 23 日合同到期后，双方未再续签合同，被告继续在原告处工作至 2016 年 5 月，双方均未提出异议，应视为原劳动合同自动顺延，双方同意以原条件继续履行劳动合同。被告主张的因未签订劳动合同发生的二倍工资请求，依法不予支持。

补充说明

合同期满自动顺延时，视为双方按原条件签署了书面劳动合同，法院对劳动者主张二倍工资的请求不予支持。

地域：山西省

文件名称/案例名称

某驱动技术系统（上海）有限公司太原分公司与刘某某劳动争议一审民事判决书

主要内容/观点

原、被告双方签订为期一年的《劳动合同书》于 2008 年 3 月 18 日期满后，双方未就劳动合同期限、劳动报酬订立书面劳动合同，被告继续在原告处工作，原、被告双方之间于 2008 年 3 月 19 日成立事实劳动关系，这种劳动关系不符合法律规定，双方应尽快补签、续订书面劳动合同书。但本案原、被告双方在成立事实劳动关系后，一直未按法律规定签订书面劳动合同。根据《劳动合同法》第十四条第三款的规定，用工之日起满一年不与劳动者订立书面劳动合同，视为用人单位与劳动者已订立无固定期限劳动合同。本案中，自原、被告双方 2008 年 3 月 19 日成立事实劳动关系起，2009 年 3 月 18 日用工已满一年，故 2009 年 3 月 19 日视为双方之间已订立无固定期限劳动合同。

补充说明

劳动者与用人单位双方在劳动合同中约定的“固定期限届满前30日，任何一方若没有书面通知对方终止本合同，则本合同自动顺延”的条款，不能作为用人单位在劳动合同期满后，未签订新的劳动合同的抗辩理由。应将此种情形视为劳动者与用人单位未签订书面劳动合同。

地域：重庆市

文件名称/案例名称一

张某与重庆某电路板有限公司劳动争议二审民事判决书

主要内容/观点

关于某公司解除与张某之间的劳动关系的性质认定问题。根据《劳动合同法》第十四条之规定，连续订立二次固定期限劳动合同，且劳动者没有本法第三十九条和第四十条第一项、第二项规定的情形，除劳动者提出订立固定期限劳动合同外，双方应当订立无固定期限劳动合同。本案中，该公司与张某于2004年、2007年先后签订两次固定期限劳动合同书，之后双方本应订立无固定期限劳动合同，但双方又签订了从2010年2月7日到2011年2月7日的固定期限劳动合同，该劳动合同书应视为双方自愿协商并同意签订的合法有效的劳动合同。另按照该劳动合同的合同到期自动顺延一年的约定，可以认定从2011年2月7日到2012年2月7日双方之间也存在固定期限劳动合同，但顺延条款只能适用一次，并非无次数限制，故从2012年2月7日起双方就应当签订无固定期限劳动合同。某公司提到的双方系因劳动合同到期而终止劳动合同的上诉理由不能成立，故一审法院据此认定该公司解除与张某之间的劳动关系系违法解除，该公司应当按照工作年限支付张某违法解除劳动关系的赔偿金45049元正确，法院予以确认。

文件名称/案例名称二

重庆某食品有限责任公司与岳某劳动争议二审民事判决书

主要内容/观点

双方自用工之日即2013年4月25日建立劳动关系。双方合同约定，合同期满后，双方同意继续履行的，合同自动顺延 1 年，达到无固定期限劳动合同条件的，自动转为无固定期限劳动合同。劳动合同期满后，岳某继续工作，根据约定，双方劳动合同顺延至 2015 年 4 月 30 日。《最高人民法院〈关于审理劳动争议案件适用法律若干问题的解释〉》第十六条第一款："劳动合同期满后，劳动者仍在原用人单位工作，原用人单位未表示异议的，视为双方同意以原条件继续履行劳动合同。一方提出终止劳动关系的，人民法院应当支持。"故双方的劳动合同顺延至 2015 年 4 月 30 日，自 2015 年 5 月 1 日起，岳某继续在某食品公司工作，应视为双方同意以原条件履行劳动合同。《劳动合同法》第十条规定："建立劳动关系，应当订立书面劳动合同。已建立劳动关系，未同时订立书面劳动合同的，应当自用工之日起一个月内订立书面劳动合同……"《重庆市职工权益保障条例》第八条第三款规定，"劳动合同期满后，用人单位继续使用该职工的，应在一个月内与其续签书面合同"，第四十八条"违反本条例第八条规定，用人单位未与职工续签劳动合同的，依以下情形处理：（一）超过一个月不满一年未与职工续签劳动合同的，自合同期满后第一日起满一个月的次日至满一年的前一日应当依照劳动合同法第八十二条的规定向职工每月支付两倍的工资，并与职工补订书面劳动合同"。本案中，订立书面劳动合同是用人单位即某食品公司的法定义务，不能因双方在某个阶段曾订立过书面劳动合同而免除食品公司后续签订书面劳动合同的义务，故某食品公司应当支付岳某自 2015 年 6 月 1 日起未签订书面劳动合同的二倍工资差额 18920 元（1720 元/月×11 月）。

文件名称/案例名称三

上海某商贸有限公司申请王王某撤销仲裁裁决民事裁定书

主要内容/观点

双方在 2017 年 2 月 11 日订立劳动合同时明确约定，"本合同到期后，双方无异议，本合同自动顺延"，则双方合同到期后可依据该合同维护其合法权益。该约定并不违反法律规定，故在 2018 年 2 月 10 日合同到期后，双方已签订了书面劳动合同。为此，王友会主张之后未签订书面劳动合同的二倍工资差额，不符合法律规定，法院不予支持。

地域：湖北省

文件名称/案例名称一

刘某英与福建某商贸有限公司、福建某集团有限公司劳动争议一审民事判决书

主要内容/观点

原、被告在已签订的劳动合同中有“合同期限届满若如未续签，双方将继续按本协议履行，有效期延长两年”的约定，不属于劳动合同法定顺延的条款。被告在原劳动合同期满后未与原告续签，应向原告支付 2016 年 9 月 11 日至 10 月 31 日期间未签订书面劳动合同二倍工资差额。

文件名称/案例名称二

武汉某人力资源有限公司与王某劳动争议一审民事判决书

主要内容/观点

原告提供的劳动合同上加盖有“本合同到期后，甲乙双方仍实际履行中，视为本合同顺延”的印章，该顺延条款是当事人约定的结果，不是法律的规定。《劳动法》已明确规定用人单位必须与建立劳动关系的劳动者签订书面的劳动合同，劳动合同到期后，劳动者继续按照原工资待遇提供劳动的，仅视为劳动者同意以原工资待遇继续履行劳动合同，而并不能免除用人单位未同劳动者签订书面劳动合同的法律责任。

地域：山东省

文件名称/案例名称

烟台市某海洋食品股份有限公司与王某劳动争议二审民事判决书

主要内容/观点

原告烟台市某海洋食品股份有限公司、被告王某的劳动合同于 2014 年 8 月 1 日到期，劳动合同期满后被告继续在原告处工作至 2015 年 4 月 13 日，其间被告未向原告做出续签劳动合同的意思表示，双方的劳动合同亦未

约定期满续签。故原审法院对原告的双方劳动合同期满自动顺延的主张，不予采信。综上，上诉人烟台市某海洋食品股份有限公司的上诉，无事实及法律依据，法院依法不予支持，维持原判，支持员工未签订劳动合同二倍工资的诉求。

补充说明

未有案例明确显示，若劳动合同约定自动顺延，是否支持员工二倍工资差额的诉求。

地域：安徽省

文件名称/案例名称

钱某与福建某集团有限公司劳动争议

主要内容/观点

在劳动合同期限届满后，钱某继续在福建某集团公司工作，该公司亦未提出异议。根据双方约定，应视为劳动合同期限顺延一年至2015年11月8日。钱某主张2014年12月至2015年8月期间未签订劳动合同的二倍工资16万元，依据不足，法院不予支持。

补充说明

劳动合同自动顺延时，不支持员工双倍工资。

地域：江苏省

文件名称/案例名称

《江苏省高级人民法院 江苏省劳动争议仲裁委员会关于审理劳动争议案件的指导意见》

主要内容/观点

第七条　用人单位与劳动者在劳动合同中约定合同期限届满后自动续延的，应视为双方重新订立了一次劳动合同，但劳动合同依照《劳动合同法》第四十二条、第四十五条规定的事由依法续延的除外。

补充说明

劳动合同自动顺延时，不支持员工二倍工资。

难点三

补签或倒签劳动合同，劳动者能否主张二倍工资？

在解密该难点问题前，我们先对补签与倒签劳动合同进行分析与定义。补签劳动合同系劳动合同落款时间为实际签订劳动合同的时间，期限为双方协商确定的起始日期的劳动合同；而倒签合同系劳动合同落款时间为实际用工之日，劳动合同的期限按双方协商确定的起始日期来确定的劳动合同。出现上述两种情形的原因还在于用人单位在发现未按照法律规定在实际用工之日起一个月以内与劳动者签订书面劳动合同，为防范因此可能产生的支付二倍工资差额的法律风险，用人单位与劳动者补签或倒签劳动合同。但是，全国各地法院是否认可补签或倒签劳动合同的行为呢？目前各地法院存在不同的认识，主要分为以下观点：

第一，倒签劳动合同，应视为用人单位与劳动者对双方存在劳动关系的追认，且事实上也未对劳动者的合法权益造成任何损失，劳动者作为具有完全民事行为能力人，应当对其行为承担相应责任，视为其对可要求支付二倍工资差额权利的放弃与认可，故劳动者不能主张二倍工资。目前，我国北京、广东、山东、安徽、浙江、贵州、江苏等大多数省市均支持本观点。

第二，对于补签劳动合同的行为，仍存在争议。少数省市认为补签劳动合同不能消除未签订书面劳动合同的违法性，因而用人单位仍应当向劳动者支付二倍工资差额；但还有部分省市认为，用人单位与劳动者虽然补签劳动合同，但未补签到实际用工之日的，对实际用工之日与补签之日间相差的时间，依法扣除一个月订立书面劳动合同的宽限期。劳动者主张未订立劳动合同二倍工资的，可以支持。

故律师建议，若用人单位在日常人力资源管理过程中发现存在未及时签订书面劳动合同的问题，则应及时就倒签书面劳动合同与劳动协商一致，以此将被要求未签订书面劳动合同二倍工资的法律风险降至最低。

地域：四川省

文件名称/案例名称

《四川省高级人民法院民一庭关于审理劳动争议案件若干疑难问题的解答》

主要内容/观点

第三十一条　用人单位与劳动者虽然补签劳动合同，但未补签到实际用工之日的，对于补签固定期限劳动合同的，劳动者主张实际用工之日至补签前一日扣除一个月订立书面劳动合同宽限期的二倍工资差额，应予支持。对于补签无固定期限劳动合同的，劳动者主张自应当签订无固定期限劳动合同之日至补签无固定期限劳动合同的前一日的二倍工资差额，应予支持。

地域：成都市

文件名称/案例名称

成都市某素宴厅与黄某劳动争议二审民事判决书

主要内容/观点

成都市某素宴厅在黄某 2015 年 4 月 16 日入职后，于 2015 年 12 月 1 日才与黄某签订劳动合同。虽然在劳动合同中约定了合同期限从 2015 年 5 月 1 日起至 2016 年 4 月 30 日结束，但该素宴厅在 2015 年 12 月 1 日之前未与黄某签订劳动合同的违法事实是存在的。故成都市某素宴厅仍应向黄某支付 2015 年 5 月 16 日至 2015 年 11 月 30 日期间未签订劳动合同的二倍工资差额。

地域：泸州市

文件名称/案例名称

泸州市中级人民法院《关于审理劳动争议纠纷案件若干疑难问题解答》

主要内容/观点

双方当事人补签（倒签）劳动合同，劳动者主张双倍工资差额的，应否支持?

参考意见：原则上可不予支付。但劳动者有证据证明倒签劳动合同并非其真实意思表示的除外。

地域：北京市

文件名称/案例名称

《北京市高级人民法院、北京市劳动争议仲裁委员会关于劳动争议案件法律适用问题研讨会会议纪要（二）》

主要内容/观点

第二十九条　用人单位与劳动者建立劳动关系后，未依法自用工之日起一个月内订立书面劳动合同，在劳动关系存续一定时间后，用人单位与劳动者在签订劳动合同时将日期补签到实际用工之日，视为用人单位与劳动者达成合意，劳动者主张二倍工资可以不予支持，但劳动者有证据证明补签劳动合同并非其真实意思表示的除外。用人单位与劳动者虽然补签劳动合同，但未补签到实际用工之日的，对实际用工之日与补签之日间相差的时间，依法扣除一个月订立劳动合同的宽限期，劳动者主张未订立劳动合同二倍工资的可以支持。

地域：广东省

文件名称/案例名称一

王某与广州市天某公司劳动合同纠纷二审民事判决书

主要内容/观点

2018年3月14日，天某公司与王某签订合同期限自2017年9月1日起的无固定期限的劳动合同，视为双方对之前劳动权利义务的确认。王某要求天某公司支付2017年10月至2018年3月期间未签书面劳动合同的二倍工资差额22245元，无事实和法律依据，原审法院不予支持。

文件名称/案例名称二

周某与泰某家具厂劳动合同纠纷二审民事判决书

主要内容/观点

周某主张泰某家具厂补签或者倒签合同，不能免除向其支付二倍工资差额的责任。法院认为，周某对于劳动合同上其本人的签名真实性予以确认，虽然泰某家具厂的签章系在劳动仲裁之后才补上的，也应视为泰某家具厂追认该劳动合同。原审法院认定双方已经签订了书面劳动合同，并无不当。

补充说明

补签劳动合同，视为双方对之前劳动权利义务的确认，劳动者要求支付未签订书面劳动合同的二倍工资无事实和法律依据。倒签劳动合同，视为双方追认劳动合同，双方已经签订了书面劳动合同，劳动者不能主张二倍工资。

地域：福建省

文件名称/案例名称一

喜某与辑某彩印公司劳动争议二审民事判决书

主要内容/观点

喜某 2016 年 4 月 19 日与辑某彩印公司补签的期限为 2014 年 5 月 4 日至 2016 年 5 月 3 日的固定期限劳动合同，可视为双方真实意思表示。

文件名称/案例名称二

吴某与福建融某有限公司劳动争议二审民事判决书

主要内容/观点

根据双方提供的劳动合同，融某公司署名的合同签订日期是 2016 年 8 月 1 日，吴某署名的合同签订日期是 2017 年 4 月 17 日。双方署名的时间虽然不一致，但吴某没有提供证据证明签订上述劳动合同时存在胁迫等情形，应视为吴某对劳动合同的认可，且该劳动合同的签订并未损害吴某的合法权益。因此，吴某主张未签劳动合同的二倍工资差额依据不足。

补充说明

补签劳动合同，要求支付未签订书面劳动合同的二倍工资无事实和法律依据。倒签视为当事人对劳动合同的认可，且并未损害劳动者的合法权益，因此法院对倒签合同而主张的二倍工资不予支持。

地域：湖南省

文件名称/案例名称一

湖南某商贸公司与肖某劳动争议纠纷案

主要内容/观点

法院认为，本案争议的焦点是：被上诉人肖某于2015年8月18日进入上诉湖南某商贸公司处工作，双方开始未订立劳动合同。直至2016年4月19日双方才签订《劳动合同书》，并将2015年8月18日至2016年4月18日期间的用工关系补签到《劳动合同书》中，上诉人湖南某商贸公司是否应当为此向被上诉人肖某支付二倍工资的问题。《劳动合同法》第八十二条第一款规定："用人单位自用工之日起超过一个月不满一年未与劳动者订立书面劳动合同的，应当向劳动者每月支付二倍工资。"《中华人民共和国劳动合同法实施条例》（以下简称《劳动合同法实施条例》）第六条第一款规定："用人单位自用工之日起超过一个月不满一年未与劳动者订立书面劳动合同的，应当依照《劳动合同法》第八十二条的规定向劳动者每月支付二倍工资，并与劳动者补订书面劳动合同……"上诉人湖南某商贸公司的行为明显违背上述法律、行政法规的规定，故上诉人湖南某商贸公司应当向被上诉人肖某支付2015年9月18日至2016年4月18日二倍的工资。

文件名称/案例名称二

长沙某管理公司与姜某辉劳动争议案

主要内容/观点

法院认为，被告入职前，原告以电子邮件的形式发送了具备劳动合同要件的《员工录用通知书》，其后双方又补签了书面劳动合同。虽然被告落款处的时间有修改，但书面劳动合同的起始时间2016年2月29日即为双方实际建立劳动关系的时间。不论该书面劳动合同是否为事后补签，均没有侵犯被告作为劳动者的合法权益，被告也在该书面劳动合同中签字确认了书面劳动合同的全部内容，应当认为原告已经履行了签订书面劳动合同的义务，无需向被告支付未签订书面劳动合同的二倍工资差额。

补充说明

本案二审法院审判结果为驳回上诉，维持原判。但是，其驳回原告要求支付未依法签订书面劳动合同二倍工资差额的理由为：姜某主张双方书面劳动合同的签订时间为2016年12月29日证据不足。由此可见，法院可能并不支持补签合同即可不支付未依法签订劳动合同二倍工资差额的观点。

地域：上海市

文件名称/案例名称

庄某劳动合同纠纷一案二审民事判决书

主要内容/观点

鉴于某公司与庄某持有的劳动合同末尾庄某落款日期均为2016年9月8日，某公司亦认可庄某系于9月8日签好后将合同交给某公司，一审判决其支付2016年4月13日至9月7日未订立书面劳动合同的二倍工资差额正确。

补充说明

补签：如果延迟超过1个月且非员工原因导致，应当支付双倍工资。

倒签：(1) 该合同是否确属于倒签。(2) 倒签的原因是什么，是否是员工真实意思表示。(3) 如果员工认为不是真实意思表示的，则需要公司举证。公司已经做到诚实信用，积极与员工商讨签署，但因员工导致合同签订延迟时(包括员工不同意因协商延迟导致的倒签)，则法院不支持二倍工资。

地域：浙江省

文件名称/案例名称

《浙江省高级人民法院民一庭关于审理劳动争议纠纷案件若干疑难问题的解答》

主要内容/观点

用人单位超过一个月未与劳动者订立书面劳动合同，但在一年内又补订了劳动合同的，是否应该向劳动者支付二倍工资？

用人单位超过一个月未与劳动者签订书面劳动合同，后在一年内又与劳动者补订劳动合同的，用人单位应向劳动者支付用工之日起满一个月的次日至补订劳动合同的前一日期间的二倍工资。实际补订日期，应根据补订的劳动合同落款日期及其他情形综合认定。

地域：贵州省

文件名称/案例名称一

吴某与贵州某旅游公司劳动合同纠纷二审民事判决书

主要内容/观点

贵州某旅游公司与吴某于2016年9月3日签订《贵阳市劳动合同书》，合同期限约定为2016年6月1日至2017年6月30日。双方签订劳动合同的日期晚于劳动合同约定的劳动合同期限的起始日期，属于补签劳动合同。吴某明知其签署劳动合同的时间晚于劳动合同载明的劳动合同关系起始日期，但仍与贵州某旅游公司补签了劳动合同，该行为属于将劳动合同的期间溯及于双方之前建立的事实劳动关系期间，实际意味着吴某放弃了向贵州某旅游公司主张未签订书面劳动合同的二倍工资的权利。现吴某以劳动合同系补签为由要求贵州某旅游公司向其支付未签订书面劳动合同的双倍工资违反诚实信用原则，一审判决对其要求贵州某旅游公司支付未签订书面劳动合同的双倍工资的请求不予支持并无不当，法院予以维持。

文件名称/案例名称二

王某与贵州某药业公司劳动争议二审民事判决书

主要内容/观点

二审审理中，王某及贵州某药业公司均认可涉案的《聘用协议》是双方自愿签订的，双方对该《聘用协议》中确定的聘用期限亦无异议。《聘用协议》签订的时间是2017年1月1日，但是该《聘用协议》的第一条即明确约定聘用期限为2016年11月12日至2021年12月31日，对此应视为用人单位贵州某药业公司与劳动者王某达成合意将签订劳动合同的日期补签到实际用工之日。故王某所称贵州某药业公司于2017年1月1日之前未与其签订劳动合同的违法情形消除。

文件名称/案例名称三

曾某与贵州某传媒公司劳动争议二审民事判决书

主要内容/观点

由于曾某对贵州某传媒公司提交的《劳动合同》（编号：20161227－01）上乙方（劳动者）的签字真实性无异议，故曾某虽提出该合同落款时间2016年12月27日不属实，但其未提供有效证据佐证，由其承担不利后果。且即使该劳动合同日期属于倒签，曾某作为完全民事行为能力人同意与贵州某传媒公司补签劳动合同并将合同落款时间填写为2016年12月27日，属于自行处分自己权利的行为，不违反法律规定。

地域：陕西省

文件名称/案例名称

原告陕西某太科工贸有限公司与被告宋某某劳动争议纠纷一案一审民事判决书

主要内容/观点

原告与被告补签了为期一年的劳动合同书，签订日期为2017年8月11日，从签订劳动合同的程序上来讲，双方在合法、公平、诚实信用的基础上经过充分协商达成一致，签订的书面劳动合同体现了双方的合意和对未来预期的承诺。根据《中华人民共和国民法总则》（以下简称《民法总则》）的相关规定，如果补签合同行为是在平等自愿、协商一致的基础上达成的共识，只要不违反法律规定，符合民法关于当事人意思自治的原则，就是有效的，被告不应支付二倍工资。

补充说明

对于补签或者倒签的劳动合同，只要经过劳动者的同意，且不存在欺诈或者受胁迫的情形，补签行为就是有效的。故法院对劳动者主张二倍工资的请求不予支持。

地域：重庆市

文件名称/案例名称一

重庆市某区环境卫生管理处与谢某国劳动争议二审民事判决书

主要内容/观点

法院认为：关于未签订书面劳动合同的二倍工资差额问题，原告主张2015年2月26日合同期满后，双方一直未续签书面劳动合同，直至2015年12月才实际签订书面劳动合同并将该合同签字日期及合同期限倒签至2015年2月27日。首先，原告举示的两份通话录音中通话双方的身份无法确定，原告亦无其他证据佐证，故法院对该两份通话录音内容不予采信。其次，法律要求用人单位与劳动者签订书面劳动合同旨在保护劳动者的合法权益，特别强调双方发生纠纷时劳动者可依据劳动合同向用人单位主张权利。只要劳动者的合法权益不受侵害，不应刻意对用人单位予以处罚。即使如原告所称，倒签事实存在，也是双方在签订书面劳动合同时同意将劳动合同的期间溯及于之前的事实劳动关系期间，对相应的权利义务进行了处分，应视为双方自始签订了劳动合同，双方在此期间的权利义务关系也已有劳动合同可依，不会对原告的权利造成影响。最后，原告作为完全民事行为能力人，应当知晓在劳动合同书上签字的法律后果，原告没有证据证明该书面劳动合同的签订存在胁迫、欺诈、乘人之危等情形，法院认定双方签订落款日期为2015年2月27日的劳动合同系双方真实意思表示，是合法有效的。故原告主张2015年3月26至2015年12月26日期间未签订书面劳动合同的二倍工资差额24973.07元的请求无事实和法律依据。

文件名称/案例名称二

李某友与重庆某齿轮有限公司劳动争议一审民事判决书

主要内容/观点

法院认为，《劳动合同法》第十条第二款之规定“已建立劳动关系，未同时订立书面劳动合同的，应当自用工之日起一个月内订立书面劳动合同”，第八十二条第一款之规定“用人单位自用工之日起超过一个月不满一年未与劳动者订立书面劳动合同的，应当向劳动者每月支付二倍的工资”；《劳动合同法实施条例》第六条之规定“用人单位……依照劳动合同法第八十二条的规定向劳动者支付每月两倍工资的工资，并应与劳动者补签劳动合同……”据此，补签劳动合同并不能消除劳动关系存续期间未签订书面劳动合同的违法性，用人单位仍应当向劳动者支付未签书面劳动合同期间的双倍工资。

补充说明

重庆地区对补签、倒签未出统一文件，查到重庆市第三中级人民法院的裁判意见——《近期重庆市第三中级人民法院关于劳动争议类案件司法裁判意见》：补签、倒签劳动合同的，是否支持未签订书面劳动合同的二倍工资？

一致意见认为：补签、倒签劳动合同的，视为劳动者已同意补签、倒签劳动合同，属于对自身权利的合法处分，用人单位不再支付未签订书面劳动合同的二倍工资。

地域：山西省

文件名称/案例名称一

温某与太原市某某服务有限公司保安服务合同纠纷一案

主要内容/观点

关于原告要求被告支付未签订书面劳动合同二倍工资 33000 元的诉请，因原、被告已补签《劳务派遣合同》，因此原告的该项诉讼请求法院不予支持。

文件名称/案例名称二

山西某净水科技有限公司与王某劳动争议

主要内容/观点

虽然用人单位未在法定期限内与劳动者签订书面劳动合同，但双方在未签订劳动合同的情况下仍维持劳动关系，并且最后达成一份对双方劳动关系存续期间的权利义务均有规定的劳动合同，已经以双方的行为对合同约束状态做了最好的救济。2012 年 6 月双方倒签书面劳动合同系双方真实的意思表示，合法有效，依法应认定上述期间双方已签订劳动合同，被告主张原告支付未签订书面劳动合同的二倍工资，理由不足，法院不予支持。

补充说明

补签或倒签合同，如果是当事人真实意思的表示，则认定为已签订了劳动合同，不做二倍赔偿。

地域：山东省

文件名称/案例名称

山东某信息科技有限公司与贺某劳动争议案二审判决书

主要内容/观点

贺某在向山东某信息科技有限公司提供劳动时双方未签订劳动合同，后双方协商签订劳动合同，双方已经将劳动合同的期限明确，即自用工之日到劳动合同终止之日。当事人双方通过事后补签劳动合同，已经实现了法律的目的。贺某要求公司支付其未签订劳动合同二倍工资的请求，不符合法律规定，法院不予支持。

补充说明

当事人双方通过事后补签劳动合同，已经实现了法律的目的，不支持二倍工资。

地域：安徽省

文件名称/案例名称

《安徽省高级人民法院关于审理劳动争议案件若干问题的指导意见》

主要内容/观点

第十一条　用人单位和劳动者补签劳动合同，该补签行为是双方真实意思表示，劳动者主张补签之日前劳动合同期内的双倍工资，人民法院不予支持。

地域：江苏省

文件名称/案例名称

李某与徐州某饲料有限公司劳动争议二审民事判决书

主要内容/观点

劳动者无证据证明倒签书面劳动合同受用人单位欺诈、胁迫，且用人单位已为劳动者缴纳倒签之前相应期限社保费用的，法院对劳动者要求用人单位支付倒签之前相应期间未签订劳动合同二倍工资差额的主张不予支持。本案中，双方于 2016 年 3 月 30 日签订了劳动合同，此后又于 2016 年 5 月 20 日在信访调解时补签了另一份劳动合同。该份合同的劳动期限自 2015 年 8 月 25 日起，由双方签字盖章，系双方真实意思表示，徐州某饲料有限公司亦为李某缴纳了倒签之前相应期限的社保费用。故对李某要求徐州某饲料有限公司支付未及时签订书面劳动合同的二倍工资的诉请，法院不予支持。

难点四

无效劳动合同，劳动者能否主张二倍工资？

该难点问题对于用人单位的日常人力资源管理来说较为冷门，很少有用人单位会遇到这样的难题，肯定有很多用人单位会问为什么劳动合同会无效？上述问题，其实不是疑难问题，我们可以从《劳动合同法》中找到相应的答案。劳动合同被认定为无效后，用人单位是否应当向劳动者支付二倍工资差额才是司法实践中容易产生争议的问题。对此，本所律师在检索各地观点过程中发现，在各地司法实践中，出现该难点问题的同类或相似案例很少，也仅有重庆高级人民法院在《重庆市高院等六部门关于劳动争议案件法律适用问题的会议纪要（三）》中对于此问题进行了明确。

值得一提的是，在该难点问题上，仅有的案例判决结果均未支持劳动者要求用人单位支付二倍工资的诉讼请求，但案例中导致劳动合同无效的均系劳动者过错，故若因用人单位原因导致劳动合同无效，劳动者主张支付二倍工资的诉讼请求是否能够得到支持，大多数省市暂时无法确定。对此问题，《重庆市高院等六部门关于劳动争议案件法律适用问题的会议纪要（三）》明确指出，因用人单位原因导致劳动合同被认定为无效的，劳动者可以根据《劳动合同法》第三十八条、第四十六条之规定解除劳动合同，并要求用人单位支付经济补偿金。但劳动合同无效不应等同于双方未签订书面劳动合同，劳动者以双方签订的书面劳动合同无效为由要求用人单位支付二倍工资差额的，法院不予支持。另外，我们从镇江市人社部门官方网站上文章所表达的观点也可以看出，只要在劳动合同被认定无效的情形下，用人单位均没有向劳动者支付二倍工资的义务。

对于该难点问题，争议较大，我们认为在司法实践中还应认真探索与交流，以便平衡劳资双方的合法权益。当然，根本规避该难点问题所带来的法律风险的关键还在于用人单位应注意在入职环节时认真核实劳动者个人身份信息，并且在平等协商一致的基础上签订书面劳动合同，进而避免恶意劳动者有机可乘。

地域：成都市

文件名称/案例名称

汤某与四川省某建设工程有限公司劳动合同纠纷二审民事判决书

主要内容/观点

劳动合同被认定无效，如双方不存在事实劳动关系，劳动者无权要求未签订劳动合同的双倍工资。

地域：北京市

文件名称/案例名称

许某某与某物业公司劳动争议申诉案

主要内容/观点

许某某与某物业公司签订合同时尚不满 15 周岁，这导致双方签订的劳动合同无效，但不能据此否定某物业公司与许某某签订了劳动合同的事实。因此二审法院驳回许某要求某物业公司支付未签劳动合同二倍工资差额的诉讼请求，符合法律规定，处理并无不当。

地域：河北省

文件名称/案例名称

河北某冶金建设有限公司与于某某劳动争议案

主要内容/观点

劳动合同无效不能等同于未签订劳动合同。所谓合同无效是指已经签订的合同违反了效力方面的强制性规定，而导致国家对其予以否定性评价。合同无效的前提是有一个合同，而未签订劳动合同是指双方形成了事实劳动关系，但未依法订立书面劳动合同的违法情形。未签订劳动合同与合同无效是两个不同的事实状态，有不同的法律后果。《中华人民共和国劳动法》（以下简称《劳动法》）第九十七条规定："由于用人单位的原因订立的无效合同，对劳动者造成损害的，应当承担赔偿责任。"《最高人民法院关于审理劳动争议案件适用法律若干问题的解释》第十四条第二款规定："根据《中华人民共和国劳动法》第九十七条之规定，由于用人单位的原因订立的无效合同，给劳动者造成损害的，应当比照违反和解除劳动合同经济补偿金的支付标准，赔偿劳动者因合同无效所造成的经济损失。"而《劳动合同法》第八十二条第一款规定："用人单位自用工之日起超过一个月不满一年未与劳动者订立书面劳动合同的，应当向劳动者每月支付二倍的工资。"由此可见，用人单位原因订立无效劳动合同与用人单位未与劳动者签订劳动合同的法律后果完全不同，前者要求用人单位赔偿劳动者损失，后者则要求用人单位支付二倍工资。因此，订立的劳动合同无效并不能等同于未签订劳动合同，不能否认订立过劳动合同的事实。

补充说明

上述观点为石家庄中级人民法院在公开判决书中所述，但本案在河北省高级人民法院再审过程中，河北省高级人民法院以其他理由驳回劳动者的全部诉讼请求，未就本疑难问题表达看法。

地域：广东省

文件名称/案例名称

熊某与柜某家居有限公司劳动合同纠纷再审审查与审判监督民事裁定书

主要内容/观点

熊某的行为不符合诚实信用原则，一、二审判决认定柜某公司主张熊某提供虚假的工作信息足以致使其在违背真实意思表示的情况下订立合同，可根据《劳动合同法》第二十六条第一款第（一）项"下列劳动合同无效或者部分无效：（一）以欺诈、胁迫的手段或者乘人之危，使对方在违背真实意思的情况下订立或者变更劳动合同的……"的规定，认定因熊某的欺诈行为导致其与柜某公司之间形成的劳动关系无效，柜某公司无需向熊某支付未签订劳动合同的二倍工资差额。

地域：湖南省

文件名称/案例名称

刘某与湖南某矿业公司劳动争议案

主要内容/观点

本案中，刘某于 2008 年 3 月 11 日使用虚假身份信息与湖南某矿业公司签订劳动合同，建立劳动关系。因此该劳动合同应当认定为无效。邵阳市人力资源和社会保障局 2012 年 4 月 5 日做出的《工伤认定决定书》中使用了再审申请人真实的身份信息，而申请工伤认定是由被申请人湖南某矿业公司提出的，被申请人自 2012 年 4 月 5 日起就应当知晓刘某的真实身份信息，但在这之后湖南某矿业公司仍然与刘某存在用工关系。该期间为双方事实上的劳动关系存续期间，因此一审法院判处湖南某矿业公司对刘某 2012 年 4 月 5 日至 2014 年 12 月 25 日的劳动支付经济补偿金，并无不妥。

补充说明

因劳动者原因导致劳动合同无效的，法院对劳动合同无效期间的双倍工资不予支持，在前述案例中，某公司因劳动者提供虚假信息签订劳动合同，合同被认定为无效，但是当公司知晓劳动者的真实信息以后还继续用工时，即应视为从知晓之日起存在劳动关系，且应当订立劳动合同。用人单位在签订劳动合同时存在轻微过错的，一般不认为劳动合同无效，不支持劳动者主张二倍工资的请求。

地域：浙江省

文件名称/案例名称

俞某与浙江某大学劳动合同纠纷

主要内容/观点

《劳动合同法》第二十六条规定，一方以欺诈、胁迫的手段或者乘人之危，使对方在违背真实意思的情况下订立或者变更劳动合同的，该劳动合同无效。本案中，俞某至浙江某大学应聘工作时，故意隐瞒其曾经犯罪并受刑事处罚的事实，俞某的以上行为构成欺诈。浙江某大学在受俞某欺诈、违背其真实意思与俞某所签订的劳动合同，应认定为无效合同。无效的劳动合同，从订立合同的时候起，就没有法律约束力。故虽然浙江某大学自 2014 年 9 月起未与俞某签订书面劳动合同，但浙江某大学仍无须承担未签订劳动合同的法律责任。

地域：陕西省

文件名称/案例名称

上诉人李某 1 与北京某诚铁路工程有限公司劳动争议纠纷二审民事判决书

主要内容/观点

原告李某 1 以李某 2 的名义与被告北京某诚铁路工程有限公司签订的劳动合同，因存在欺诈行为，且该行为已经影响到用人单位的录用条件，故属于无效合同。原告请求被告支付另一倍工资 98256.36 元，即请求二倍工资。根据《劳动合同法》规定，用人单位自用工之日起超过一个月不满一年未与劳动者订立书面劳动合同的，应向劳动者每月支付二倍的工资。本案中，被告北京某诚公司自用工之日起就与劳动者签订了书面劳动合同，因劳动者原因导致合同无效，故该请求不符合法律规定，法院不予支持。

补充说明

若劳动合同无效的原因是用人单位，劳动者主张二倍工资能否得到支持，暂无其他相关案例予以说明。

地域：重庆市

文件名称/案例名称

《重庆市高院等六部门关于劳动争议案件法律适用问题的会议纪要（三）》

主要内容/观点

因用人单位原因导致劳动合同被认定为无效的，劳动者可以根据《劳动合同法》第三十八条、第四十六条之规定解除劳动合同，并要求用人单位支付经济补偿金。但劳动合同无效不应认定为双方未签订书面劳动合同，劳动者以双方签订的书面劳动合同无效为由要求用人单位支付二倍工资差额的，不予支持。因劳动者原因导致劳动合同被认定为无效的，用人单位可以根据《劳动合同法》第三十九条之规定解除劳动合同。劳动者已付出劳动的，可以请求用人单位根据《劳动合同法》第二十八条之规定支付劳动报酬。但劳动者要求用人单位支付其他赔偿性费用、福利待遇或者劳动保护费用的，不予支持。

地域：山西省

文件名称/案例名称

山西古县某煤业有限公司诉王某等劳动争议纠纷案

主要内容/观点

2011 年 4 月 1 日山西公司以没有注销的山西公司的名义与王某签订了《劳动合同》，约定工作期限自 2011 年 4 月 1 日起至 2012 年 4 月 1 日止，工种为锅炉工，月工资 1200 元。后古县永乐乡煤矿改制为山西公司，山西公司又兼并重组为西山公司的事实，以及王某在上述三公司持续工作的事实，原审法院已经查清。王某与西山公司和某骏公司所签订的两份《劳动合同》，均违反相关法律规定，原审判决认定均为无效合同并无不当。原审法院依照《劳动合同法》第十四条规定，判令其补齐王某自 2010 年 1 月起至 2012 年 5 月止的二倍工资差额是正确的。

补充说明

因认定劳动合同无效的情形相对较少，故此法院判例也较少，但是从上述案例来看，法院的观点是即便劳动合同无效，只要劳动者事实上提供了劳动义务，则可以根据相关法律规定获得相应的双倍赔偿。

地域：天津市

文件名称/案例名称

上诉人武某某与被上诉人河北某人力资源服务有限公司、盐山县某人力资源有限公司天津开发区分公司、某精密注塑（天津）有限公司因劳动争议纠纷案

主要内容/观点

从本案事实看，上诉人与某人力公司所签劳动合同无效，有别于用人单位

在法定期限内不与劳动者签订劳动合同，且造成合同无效的原因系上诉人故意隐瞒真实身份。故上诉人主张未签劳动合同与迟签劳动合同的二倍工资，无事实与法律依据，原审未予支持并无不当。

地域：江苏省

文件名称/案例名称

江苏省镇江市人力资源和社保局官方网站文章观点

主要内容/观点

江苏省镇江市人力资源和社保局网站上发表观点，认为该种情况下，用人单位不需要支付二倍工资，但应承担支付劳动报酬以及赔偿责任。劳动合同无效与无书面合同是两个不同的概念，订立的劳动合同无效并不能等同于未订立劳动合同，不能否认订立过劳动合同的事实。合同无效，无效的前提是有一个合同，只是已订立的合同违反了效力性强制性规定而导致国家法律对其予以否定性的评价。《劳动合同法》第八十六条规定，劳动合同依照本法第二十六条规定被确认无效，给对方造成损害的，有过错的一方应当承担赔偿责任。《劳动合同法》第二十八条规定，劳动合同被确认无效，劳动者已付出劳动的，用人单位应当向劳动者支付劳动报酬。劳动报酬的数额，参照本单位相同或者相近岗位劳动者的劳动报酬确定。《劳动合同法》第八十二条的规定系对故意不订立合同行为的惩罚，不能扩张适用。要求用人单位和劳动者签订劳动合同的主要目的在于确认劳动者和用人单位存在劳动关系。所以劳动合同的无效与无书面劳动合同是两种不同的事实状态，各有不同的要件事实和不同的法律后果。在劳动合同被认定无效的情形下，用人单位没有向劳动者支付二倍工资的义务，对于劳动者主张二倍工资的请求法院不予支持。

难点五

具备劳动合同主要内容的招录文件能否视为劳动合同，劳动者能否主张二倍工资？

笔者在看到这个问题时，第一猜想该问题产生的来源大概在于用人单位多次以该理由拟抗辩未及时签订书面劳动合同的事实，实践证明，在我国许多中小型企业，因其人力资源管理水平与《劳动合同法》等相关法律规定不匹配，时常在劳动者入职时签署相关入职登记表等招录文件后便匆匆让其入职，其后也未及时签订书面劳动合同。本所律师在检索该难点问题的裁判观点时发现，全国绝大多数各地法院均认为，只要用人单位与劳动者签署了如应聘登记表、聘用通知书、员工登记表等招录文件，规定了劳动期限、劳动报酬等内容，并按该内容实际履行的，应视为双方签订了书面劳动合同，用人单位不需要支付劳动者未签订书面劳动合同的二倍工资。但应聘登记表、聘用通知书、员工登记表等招录文件应至少包括能够确定双方权利义务的劳动合同的基本条款。也有部分法院认为，招录文件不具备《劳动合同法》规定的书面劳动合同的形式和实质条件，故用人单位仍应向劳动者支付未签订书面劳动合同的二倍工资。

对于该难点问题，笔者支持天津市高级人民法院的意见：虽然未订立名称为劳动合同的文本，但订立的其他书面文件已经包含了劳动合同期限、工作内容和工作地点、工作时间和休息休假、劳动报酬、社会保险等内容，明确了双方的主要劳动权利义务，具备劳动合同本质特征的，应当认定双方已经订立了书面劳动合同。笔者认为，劳动合同仅属于合同类型的一种，其实质在于对用人单位与劳动者双方权利与义务予以确定，故若用人单位与劳动者签订的招录文件中已可以确定《劳动合同法》中规定的双方的基本权利与义务，则招录文件实质上等于劳动合同，用人单位不应向劳动者支付二倍工资。

地域：四川省

文件名称/案例名称

《四川省高级人民法院民事审判第一庭关于印发〈关于审理劳动争议案件若干疑难问题的解答〉的通知》

主要内容/观点

第二十条　用人单位与劳动者签署的能够证明劳动关系内容的书面材料（如应聘登记表、聘用通知书、员工登记表等）包括了劳动期限、劳动报酬等内容，并按该内容实际履行的，应视为双方签订了书面劳动合同，用人单位不需要支付劳动者未签订书面劳动合同的二倍工资。

地域：北京市

文件名称/案例名称

北京某物流公司诉单某劳动争议纠纷案

主要内容/观点

用人单位与劳动者未订立书面劳动合同，但双方之间签署的其他有效书面文件的内容已经具备了劳动合同的各项要件，明确了双方的劳动关系与权利义务，具有了书面劳动合同的性质，应视为双方的书面劳动合同，对于劳动者提出因未订立书面劳动合同而要求二倍工资的诉讼请求，法院不应予以支持。

补充说明

本案为中华人民共和国最高人民法院公报案例，公报的裁判摘要为：《劳动合同法》第八十二条关于用人单位未与劳动者订立书面劳动合同的，应当向劳动者每月支付二倍工资的规定，是对用人单位违反法律规定的惩戒。如用人单位与劳动者未订立书面劳动合同，但双方之间签署的其他有效书面文件的内容已经具备了劳动合同的各项要件，明确了双方的劳动关系与权利义务，具有了书面劳动合同的性质，则该文件应视为双方的书面劳动合同，对于劳动者提出因未订立书面劳动合同而要求二倍工资的诉讼请求，法院不应予以支持。

地域：河北省

文件名称/案例名称

河北某网络科技有限公司与白某劳动争议纠纷案

主要内容/观点

白某到河北某网络科技有限公司入职时，填写了员工登记表和新职员入职须知，双方还签订了《员工试用协议》及《保密协议》，以上材料内容已具备《劳动合同法》第十七条规定的必备条款，白某上诉称双方签订的试用期协议并非劳动合同，理据不足，法院不予采信。

地域：广东省

文件名称/案例名称

海某公司与刘某劳动合同纠纷二审民事判决书

主要内容/观点

海某公司提交的新进人员核薪表仅记载刘某的试用期、工资构成和工资数额、职称，并不完全具备《劳动合同法》第十七条规定的必备条款，且其主要内容部分没有刘某的签名确认。海某公司主张新进人员核薪表应视为双方的书面劳动合同，理由不成立。

补充说明

若招录文件等其他文件，仅具有部分劳动合同的内容，且未得到劳动者签字确认，该文件不能被视为劳动合同，劳动者仍可主张二倍工资。

地域：湖南省

文件名称/案例名称

上诉人湖南某光伏公司与被上诉人陶某安劳动争议纠纷案

主要内容/观点

法院认为，上诉人认为入职时与被上诉人所签的《入职登记表》应视为书面劳动合同。经查明，《入职登记表》不具备劳动合同性质，被上诉人在《入职登记表》上的签名仅保证个人资料填写属实及遵守公司规章制度等，双方并未对与劳动合同相关的工作时间、地点、劳动报酬、工作岗位等进行共同约定。对于上诉人的此项上诉理由，法院不予支持。

补充说明

招录文件必须具备法律规定的劳动合同的要件，否则不能视为劳动合同。

地域：上海市

文件名称/案例名称

某（宁波）办公设备有限公司上海分公司与黄某劳动合同纠纷上诉案

主要内容/观点

相关法律对劳动合同的必备条款进行了明确规定，包括用人单位以及劳动者的基本身份信息、劳动合同期限、工作内容和工作地点、工作时间和休息休假、劳动报酬、社会保险以及劳动保护、劳动条件和职业危险防护等。某（宁波）办公设备有限公司上海分公司主张发送给黄某的入职通知函应当视为书面劳动合同，但其除对公司的工资标准、绩效考核等进行了约定外，并没有其他劳动合同应当具备的内容，且该入职通知函系通过电子邮件的方式发送，并未经过某上海分公司、黄某双方签印，亦不符合书面劳动合同的形式要求。

地域：浙江省

文件名称/案例名称

绍兴某文化传播有限公司与万某劳动争议二审民事判决书

主要内容/观点

原告万某虽负责公司运营，但原告进入被告处工作时，被告绍兴某文化传播有限公司已经成立而未与原告签订书面劳动合同。入职通知书、入职说明书以及保密协议虽然已经对工作内容、薪酬等进行了说明，但入职通知书和入职说明书仅作通知入职之用，且已载明“具体工作范围、薪酬等说明应通过雇佣劳动合同进行约束”，故法院对被告的辩称意见不予采信，被告应支付给原告二倍工资 74000 元。

地域：贵州省

文件名称/案例名称一

郭某与铜仁某置业公司劳动争议二审民事判决书

主要内容/观点

《员工履历表》载明了郭某的个人基本情况，试用期和试用合格后的工资待遇、入职时间以及郭某声明遵守公司各项规章制度等内容，并由铜仁某置业公司行政部负责人和总经理签字，具备了劳动合同应当具备的主要合同条款，确定了双方的权利义务，该《员工履历表》具备劳动合同性质，应视为双方签订了书面劳动合同。故郭某要求铜仁某置业公司支付未签订书面劳动合同二倍工资的主张理由不充分，法院不予支持。

补充说明

该《员工履历表》经过劳动者本人及用人单位法定代表人签字确认。

文件名称/案例名称二

贵州某贸易公司与陈某劳动争议二审民事判决书

主要内容/观点

法院认为，《劳动合同法》第十条规定："建立劳动关系，应当订立书面劳动合同。"第十六条规定："劳动合同由用人单位与劳动者协商一致，并经用人单位与劳动者在劳动合同文本上签字或者盖章生效。劳动合同文本由用人单位和劳动者各执一份。"本案中，陈某于 2016 年 1 月 15 日入职时，其填写的《贵州某贸易公司应聘人员登记表》以及贵州某贸易公司在该登记表第二页填写的内容仅符合前述法律第八条"用人单位招用劳动者时，应当如实告知劳动者工作内容、工作条件、工作地点、职业危害、安全生产状况、劳动报酬，以及劳动者要求了解的其他情况；用人单位有权了解劳动者与劳动合同直接相关的基本情况，劳动者应当如实说明"的规定，该登记表并非双方共同签字确认的劳动合同文本。因此，贵州某贸易公司关于该登记表具备劳动合同的性质，双方已经签订书面劳动合同的上诉理由无法律依据，法院不予采信。一审以贵州某贸易公司未与陈某签订书面劳动合同，判决贵州某贸易公司承担支付双倍工资差额并未不当，法院予以维持。

补充说明

招录文件必须具备法律规定的劳动合同的要件，且经双方共同签字确认，否则该文件不能被视为劳动合同，劳动者仍可主张二倍工资。

地域：陕西省

文件名称/案例名称一

陕西某隆科技有限公司与张某劳动争议二审民事判决书

主要内容/观点

《入职申请表》注明：入职时间 2015 年 5 月 6 日；所属部门技术、职务、技术支持、试用期 3～6 个月、试用期工资 3000 元/月、转正后工资 4000 元/月，并手写税前包括五金。该《入职申请表》中对用人单位的名称、劳动者的姓名、工作内容和工作地点、试用期限、劳动报酬等均做了约定，其已基本具备《劳动合同法》第十七条规定的劳动合同必备要件，法院据此驳回了劳动者主张的二倍工资。

文件名称/案例名称二

陕西某盛商贸有限责任公司与张某某劳动争议一审民事判决书

主要内容/观点

《应聘申请表》上记载有工作单位为陕西某盛商贸有限责任公司、负责人签字、录用单位公章、录取劳动者张某某的姓名、身份证号、住址、试用期 1 个月、工作期限暂定 1 年（可续签）、试用期工资 2300 元+夜补、转正后工资 2300 元+夜补+全勤奖、按月度提供劳保福利、提供食宿、上岗时间等内容。该表基本具备了劳动合同法规定的上述必备条款，因此可以认定该《应聘申请表》属于书面形式的劳动合同。

补充说明

只要具备了劳动合同的主要内容的招录文件都被视为劳动合同，劳动者无法主张二倍工资。从搜索的案例来看招录文件中应该至少具备以下内容，较易在裁判过程中被认定为“视为劳动合同”。(1) 必备内容：用人单位名称、劳动者姓名、劳动报酬、法人、经理签字或用人单位盖章。(2) 选项内容：劳动期限、工作内容和工作地点、工作时间和休息休假、劳动保护、劳动条件和职业防护、社会保险，选项内容至少包括三项。

地域：重庆市

文件名称/案例名称一

李某与重庆某物业管理有限公司丰都分公司劳动合同纠纷一审民事判决书

主要内容/观点

从审理查明的情况看，案涉《新员工入职登记表》上虽然没有明确的“劳动合同”字样，但载明了工作部门、工作岗位、新员工基本信息、试用期限、转正时间、工资标准等内容，已经具备了《劳动合同法》第十七条所规定的劳动合同的基本内容，且该《新员工入职登记表》有原告和被告相关领导的签名确认，应视为双方对上述内容达成了合意。同时，原告李某在被告某公司工作期间，其工作部门、工作岗位、试用期时间、转正时间、工资发放标准等均按《新员工入职登记表》载明的内容实际履行。在该《新员工入职登记表》中，双方达成合意的事实能够得以体现，双方的劳动关系能够得以确认，其已经基本实现了劳动合同制度的目的，初步具备了劳动合同的形式要件和实质要件，应视为双方签订了书面劳动合同。故原告李某请求被告某公司支付未签订书面劳动合同的二倍工资差额 30000 元的主张不能成立，法院不予支持。

文件名称/案例名称二

胡某与重庆某实业集团有限公司劳动争议二审民事判决书

主要内容/观点

建立劳动关系，应当订立书面劳动合同。用人单位与劳动者签订书面劳动合同的目的是明确双方权利和义务。双方建立劳动关系，劳动者成为单位的一员，根据劳动合同内容完成工作任务，遵守单位的规章制度，而用人单位按照双方约定安排劳动者工作，支付劳动报酬，为劳动者提供必要劳动条件，保证劳动者的各项权利和待遇。本案中，《薪资确认单》虽系公司的内部审批单据，但已明确了劳动者与用人单位双方的劳动关系和主要权利义务。从胡某据《薪资确认单》主张权利来看，胡某认可《薪资确认单》的内容，应当视为双方已经签订了书面劳动合同。故胡某的上诉理由不成立，对其上诉请求法院不予支持。

文件名称/案例名称三

重庆市秀山某矿业有限公司与吉某劳动争议纠纷案

主要内容/观点

法院认为：用人单位和劳动者的合法权益均应当得到公平的保护。原告提交的《员工入职审批表》及入职通知单上明确约定了被告的工作部门、工作地点、聘用期限、试用期限、工资待遇等，具备了劳动合同的基本条款，能够确定原、被告双方存在劳动关系，明确了双方的权利义务，基本实现了书面劳动合同的功能。因此，应当视为原、被告双方已经签订了书面劳动合同。原告诉请法院判决确认原告对被告不负未订立书面劳动合同双倍工资的支付责任的诉讼请求，法院予以支持。

地域：湖北省

文件名称/案例名称一

某城市某物业管理有限公司与毛某生劳动争议二审民事判决书

主要内容/观点

法院认为，毛某生于2016年8月13日到某物业管理有限公司工作，2017年7月19日某物业管理有限公司解除与毛某生的劳动关系。在此期间双方成立劳动关系，公司未与毛某生签订书面劳动合同。根据《劳动合同法》第八十二条第一款的规定，“用人单位自用工之日起超过一个月不满一年未与劳动者订立书面劳动合同的，应当向劳动者每月支付二倍工资”，某物业管理有限公司应当向毛某生支付未签订劳动合同的二倍工资。某物业管理有限公司上诉称毛某生填写的《应聘人员登记表》具有劳动合同的性质。法院认为，《应聘人员登记表》是毛某生应聘公司的岗位所填写的登记表，不能等同于劳动合同。

文件名称/案例名称二

湖北某酒店娱乐有限公司与彭某鹏劳动争议二审民事判决书

主要内容/观点

本案中，公司向彭某鹏发出《求职申请表》，系双方在建立劳动合同关系过程中公司的要约邀请行为；彭某鹏填写该《求职申请表》系要约行为。当公司最终做出承诺与彭某鹏建立劳动关系时，双方应依法签订书面劳动合同。彭某鹏进入公司时所填写的由公司拟制的《求职申请表》不具备《劳动合同法》规定的书面劳动合同的形式和实质条件。故，公司实际未与彭某鹏签订书面劳动合同，其应依法向彭某鹏支付未签订书面劳动合同二倍工资差额 33000 元。

文件名称/案例名称三

荆州市某运输有限公司与朱某星劳动争议二审民事判决书

主要内容/观点

本案中，上诉人某运输公司以被上诉人朱某星进入该公司工作后，即对朱某星进行了登记，对其工作岗位、工种培训及试用期工资进行了约定，并记载于员工登记表中为抗辩，认为该员工登记表具备了劳动合同的基本要求，应视为双方签订的劳动合同。法院认为，员工登记表是劳动者入职时单方登记所填写的、以员工个人信息为主要内容的登记表格。填写员工登记表仅为用人单位单方对入职员工基本信息进行登记备档核查的一种人事管理方法，员工登记表的登记内容中可能记载了入职员工的工作岗位、工种培训、试用期工资等事项，但其并不具备劳动合同中必须约定的九项内容，不能明确约定用人单位与劳动者双方的权利、义务，其内容和形式均不具备书面劳动合同的实质要件和形式要件，不能代替书面劳动合同。上诉人某运输公司的该项上诉理由因与《劳动合同法》的相关规定相悖，不能成立。

地域：山西省

文件名称/案例名称

阳泉市城区某商城与邵某 2 劳动争议一案

主要内容/观点

2016 年 9 月 22 日，被告邵某 1 之女邵某 2 入职原告处并填写了《某商城入职人员登记表》，其中岗位一栏为“服务员”，入职日期为“2016 年 9 月 22

日”。邵某2在原告某商城内的白某经营处从事服务员工作。原告按月为邵某2发放工资，对邵某2的签到、出勤进行管理，双方未签订书面劳动合同。

原判认为，原告某商城与白某签订的《联营合同书》合法有效，且双方已实际按约履行。原告某商城与邵某2符合法律、法规规定的主体资格，原告某商城对邵某2的签到、出勤进行管理，邵某2从事原告给付报酬的劳动，邵某2提供的劳动是服务员工作，是原告业务的组成部分。本案中，邵某2在原告处填写了相关《入职登记表》，故邵某2与原告存在事实劳动关系。本案二审对此进行了认定。

补充说明

本案未涉及双倍工资的诉求，但是法院通过入职申请等认定了事实劳动合同的存在，可见依据具备劳动合同内容的招录文件是可以确定事实劳动关系的。

地域：云南省

文件名称/案例名称一

杨某某与武定某医院劳动争议案

主要内容/观点

聘用证明、文件、签订的补充协议等约定了工作内容、工作地点和时间、休息休假、劳动报酬等内容，明确了劳动报酬和劳动条件等，基本满足了劳动合同的实质要件，且双方已实际履行，应视为劳动合同。

文件名称/案例名称二

昆明某生物制品有限公司与李某劳动争议案

主要内容/观点

昆明某生物制品有限公司主张《2015年营销目标责任书》为劳动合同，但该责任书系对营销总监一职的权责利做出的规定，并未明确劳动合同的期限、工作时间和休息休假、社会保险、劳动保护和劳动条件，且在仲裁阶段未加盖公司印章，不具备合同的成立生效条件，不应视为劳动合同。故昆明某生物制品有限公司的该项主张不成立，一审法院不予支持。

补充说明

我国法律规定的劳动合同属于要式合同，要符合劳动合同所必须具备的条款，即用人单位与劳动者签订的合同只有具备《劳动合同法》规定的内容才属于劳动合同。

地域：西藏自治区

文件名称/案例名称

西藏某房地产公司与张某劳动合同二审判决书

主要内容/观点

西藏某房地产公司提交的《员工招聘登记表》并不具备劳动合同应具备的所有内容，只是张某进入公司时按照公司要求办理的入职登记手续。且该《员工招聘登记表》也仅由公司保存，张某未持有，故《员工招聘登记表》不能视作合法有效的书面劳动合同。

地域：山东省

文件名称/案例名称一

马某与临沧某庄园有限公司劳动争议二审民事判决书

主要内容/观点

双方虽未签订符合标准格式的劳动合同，但上述马某填写或签署的书面材料已具备了劳动合同的基本条款和主要内容，应视为双方已签订书面劳动合同。

文件名称/案例名称二

山东某网络科技有限公司与王某劳动争议二审民事判决书

主要内容/观点

《员工转正申请表》已经具备了劳动合同所需具备的基本条款，可视为双方已于 2016 年 10 月 4 日以书面的形式对双方劳动关系中的权利义务进行了明确。

文件名称/案例名称三

某酒店管理（中国）股份有限公司青岛分公司与赵某劳动争议二审民事判决书

主要内容/观点

虽然双方签订的是《聘用协议书》，但该《聘用协议书》约定的具体内容符合劳动合同的构成要件，双方存在劳动关系。

地域：安徽省

文件名称/案例名称一

滁州某家具制作有限公司与朱某劳动争议二审民事判决书

主要内容/观点

因为《入职登记表》不具备《劳动合同法》第十七条规定的劳动合同应当具备的条款，所以支持劳动者二倍工资的请求。

文件名称/案例名称二

安徽某光电科技有限公司与沈某劳动争议二审民事判决书

主要内容/观点

《入职登记表》并不基本具备劳动合同的基本要素，应视为双方未签订劳动合同。

文件名称/案例名称三

蚌埠市某装饰有限公司与栾某劳动争议一审民事判决书

主要内容/观点

《入职登记表》是否能够作为书面劳动合同是双方争议的关键。本案中，该表载明的事项能够证实该表仅为登记所用，没有明确的关于工作内容、劳动合同期限、工作时间的内容，故不能作为书面劳动合同履行。

地域：天津市

文件名称/案例名称

《天津法院劳动争议案件审理指南》

主要内容/观点

第十八条　虽然未订立名称为劳动合同的文本，但订立的其他书面文件已经包含了劳动合同期限、工作内容和工作地点、工作时间和休息休假、劳动报酬、社会保险等内容，明确了双方的主要劳动权利义务，具备劳动合同本质特征的，应当认定双方已经订立了书面劳动合同。

地域：江苏省

文件名称/案例名称

上诉人南京某清洗保洁有限公司与被上诉人陈某某劳动争议纠纷一案的民事判决书

主要内容/观点

本案中，南京某清洗保洁有限公司于 2013 年 11 月 20 日与陈某某签订了一份仅约定试用期的入职协议。因该入职协议具备劳动合同的主要内容，可以视为劳动合同。

补充说明

如用人单位与劳动者未订立书面劳动合同，但双方之间签署的其他有效书面文件的内容已经具备了劳动合同的各项要件，明确了双方的劳动关系和权利义务，具有了书面劳动合同的性质，则该文件应视为双方的书面劳动合同。因此，对于劳动者提出因未订立书面劳动合同而要求二倍工资的诉讼请求不应予以支持。

难点六

劳动者离职后又返回同一用人单位工作，用人单位是否还可以约定试用期？

《劳动合同法》第十九条第二款仅规定“同一用人单位与同一劳动者只能约定一次试用期”，在司法实践中如何理解并适用该款规定成为一大难题。针对本难点问题，本所律师经检索发现，全国各地法院公开的案例中，劳动者据此要求用人单位补发试用期工资差额的案件屈指可数。本所律师检索到的案例及解答或人社部门用工指引显示，部分法院认为应区分情况对待，如果用人单位连续使用同一劳动者在同一岗位或者可替代性的岗位工作，不论是劳动合同延续、合同终止后续订劳动合同，或者劳动合同终止后隔一段时间被原用人单位再次招用，等等，均不应另行约定试用期。但用人单位因新的工作岗位需要用人，且该岗位替代性不强的，存在实质性变更的，则应允许用人单位约定试用期，以考察该劳动者是否符合新岗位的录用条件。另有部分法院则严格依据“文义解释”的方法适用该项规定，即同一用人单位与同一劳动者只能约定一次试用期，无论是否再次入职或存在岗位变更均只能约定一次试用期。

笔者认为，若严格依据“文义解释”的方法适用该项规定对用人单位来说显失公平。不论是劳动者与用人单位解除劳动关系后重新入职原岗位还是入职新岗位，用人单位均有权与劳动者约定试用期。因为劳动者在从原用人单位离职后，在离职期间，劳动者的身体状况、思想品德、个人技能等均可能发生改变，故其技术、技能是否得到增长，是否能胜任再次入职的岗位或工种，是否能适应新时期公司的工作环境等情况，都是双方需要重新考察的因素，严格在形式意义上理解适用《劳动合同法》第十九条将造成实质不公。故在日新月异的用工管理与用工模式下，如何正确理解并适用“同一用人单位与同一劳动者只能约定一次试用期”的规定，仍值得我们思考与研究，也希望有关部门可以给予明确的指导性意见。

地域：四川省

文件名称/案例名称

攀枝花市人力资源和社会保障局网——《劳动法规 500 问》

主要内容/观点

观点一：《劳动合同法》中的“同一用人单位与同一劳动者只能约定一次试用期”是指在一个劳动合同期内以及合同续订之时，在同一或同类岗位上，只能约定一次试用期。如果续订之时，岗位发生了实质性变化，则可以再次约定试用期。

观点二：《劳动合同法》中的“同一用人单位与同一劳动者只能约定一次试用期”是指在一个劳动合同期内以及合同续订之时，无论是否同一岗位，均只能约定一次试用期。

指引：有些劳动者在单位解除或者终止劳动合同并间隔若干时间后再次被单位招用，有可能职位或岗位发生了变化，在这种情况下，若一概不能规定试用期，似乎显得有些不合理，故对这条规定应当从其立法目的入手理解。由于《劳动合同法》的立法意图就是保护劳动者与用人单位之间建立稳定的劳动合同关系，如果不做上述规定，有可能出现有的单位有意在短期内多次与劳动者签订合同，适用多个试用期规定的情况，故应区分情况对待。如果用人单位连续使用同一劳动者在同一岗位或者可替代性的岗位工作，不论是劳动合同延续、合同终止后续订劳动合同，或者劳动合同终止后隔一段时间被原用人单位再次招用，等等，均不应另行约定试用期。但用人单位因新的工作岗位需要用人，且该岗位替代性不强的，存在实质性变更的，则应允许用人单位约定试用期，以考察该劳动者是否符合新岗位的录用条件。

补充说明

四川省级司法机关未对该难点问题做明确规定，也未检索到成都市相似案例。

地域：北京市

文件名称/案例名称一

夏某与北京市某保安服务公司劳动争议案

主要内容/观点

根据《劳动合同法》第十九条的规定，同一用人单位与同一劳动者只能约定一次试用期。该规定仅限于一次签订劳动合同的情况，对于续签或重新签订劳动合同并没有做出规定，法院认为对此不宜做出扩大解释。试用期内，用人单位可以对劳动者的工作能力进行考察，劳动者也可以对用人单位所提供的劳动环境进行考量。同一用人单位与同一劳动者在劳动合同解除后重新订立的劳动合同是否需要重新约定试用期应具体问题具体分析。具体到本案。2014 年 3 月 6 日，双方第一次签订劳动合同，后原告即离职。时隔两年，原告再次入职被告处，原告作为劳动者，其工作能力、身体状况和对环境的适应能力均有所变化，被告作为用人单位其用人标准、用工环境和经营理念等亦有所变化，双方在重新签订劳动合同时，给予必要的时间增进相互间的了解和考察不仅是合理的，也是必要的。故双方再次签订劳动合同时约定试用期并未违反法律的禁止性规定，且其约定的试用期时间未超过法律规定的上限，故对原告的该项诉讼请求，法院不予支持。

文件名称/案例名称二

某贵金属经营有限公司北京分公司与张某劳动争议案

主要内容/观点

法律明确规定同一用人单位与同一劳动者只能约定一次试用期。张某 2015 年 3 月 4 日再次入职某贵金属经营有限公司北京分公司，其工作岗位、工作内容亦与其 2014 年 8 月 26 日从此公司离职前一致。该公司再次与张某签订劳动合同时约定试用期，违反了法律强制性规定。一审法院认定该约定无效，驳回某贵金属经营有限公司北京分公司该项诉请，符合本案实际和相关法律规定。

地域：广东省

文件名称/案例名称

李某与达某电子元件公司劳动合同纠纷二审民事判决书

主要内容/观点

达某电子元件公司上诉主张李某离职后重新返回公司工作可以再次约定试用期。该主张明显不符合法律规定，法院对该主张不予采纳。

补充说明

劳动者离职后又返回同一用人单位工作，用人单位不可以再次约定试用期。

地域：上海市

文件名称/案例名称一

上海某食品有限公司与陶某劳动合同纠纷二审民事判决书

主要内容/观点

离职员工又回到原单位，用人单位在与其订立劳动合同时不能再次约定试用期，不论是调岗，或者离职后又重新入职，如上海市第二中级人民法院（2016）沪 02 民终 4682 号案。2012 年 3 月 14 日上海某食品有限公司与陶某签订的劳动合同中约定试用期两个月，2012 年 10 月至 12 月陶某经公司安排至某商贸公司工作并签订了劳动合同，该期间陶某同时为某食品有限公司提供劳动。2013 年 1 月 2 日陶某重新回到某食品有限公司，双方再次签订劳动合同时又约定试用期两个月，显然与法律规定不符。原审判决某食品有限公司支付陶某违法约定试用期的赔偿金 14000 元。

文件名称/案例名称二

上诉人 A 因劳动合同纠纷一案

主要内容/观点

《劳动合同法》第十九条第二款规定的只能约定一次试用期只针对“同一

段劳动关系中”的情况。因此，离职员工间隔较长时间又回到原单位，用人单位还是可以与其再次约定试用期。

地域：浙江省

文件名称/案例名称

某（中国）网络技术有限公司与忻某劳动争议一审民事判决书

主要内容/观点

《劳动合同法》第十九条的立法本意在于防止用人单位在用工过程中通过滥用试用期侵犯劳动者的权益，从而保护劳资双方建立稳定的劳动合同关系。但本案的情况是原、被告前后签订的两份劳动合同约定的岗位和职位明显不同，前者是国际网站客户服务、后者是公共关系，两者对工作技能的要求不同，月薪也相距甚远，两次建立劳动关系时间间隔长达 6 年。因此，某（中国）网络技术有限公司在新的岗位中约定试用期以考察劳动者是否符合录用条件，应属合理。

地域：贵州省

文件名称/案例名称

余庆某商贸公司与黄某英劳动争议纠纷一案民事一审判决书

主要内容/观点

被告黄某英在原告处建立两次劳动关系，第一次劳动关系已确定了试用期，第二次劳动关系又确定了试用期。根据《劳动合同法》第十九条第二款“同一用人单位与同一劳动者只能约定一次试用期”的规定，原告第二次录用被告时确定的试用期违反了法律规定，不受法律保护。故原告主张被告黄某英仍在试用期内不应签订劳动合同的理由，法院不予支持。

补充说明

余庆县人民法院对于用人单位给离职后又再次入职的劳动者设定试用期的行为持否定态度。

地域：重庆市

文件名称/案例名称

重庆某电梯部件有限公司与潘某格劳动合同纠纷一审民事判决书

主要内容/观点

根据《劳动合同法》第十九条第二款规定：同一用人单位与同一劳动者只能约定一次试用期。按照此规定，被告重庆某电梯部件有限公司再次聘用原告潘某格时不能在劳动合同中再次约定试用期。现被告在再次与原告签订劳动合同时又约定了 3 个月的试用期，违反了《劳动合同法》的此规定。

地域：山西省

文件名称/案例名称

忻州某科技有限公司与冯某劳动争议一案

主要内容/观点

冯某按忻州某科技有限公司安排 2017 年 9 月 9 日、9 月 10 日两天驾车配送货物是试用期还是签订试用期合同（协议）之前的试用是双方当事人争执的焦点。《劳动合同法》第十九条规定，用人单位与劳动者可以约定试用期，但试用期包含在劳动期内，劳动合同仅约定试用期的，试用期不成立，且同一用人单位与同一劳动者只能约定一次试用期。故忻州某科技有限公司口头约定试用期后，签订书面劳动合同再行约定试用期的做法不符合上述法律规定，法院对此不予支持。

地域：云南省

文件名称/案例名称

严某某与云南某房地产开发有限公司劳动争议纠纷案

主要内容/观点

虽然原告严某某与被告云南某房地产开发有限公司系第二次建立劳动关

系，但原告第二次入职距离第一次离职已二年余，其工作能力等条件可能发生变化，而单位对此未必完全掌握，故法院认为前述法律规定的“同一用人单位与同一劳动者只能约定一次试用期”应理解为在同一段劳动关系前提下更为恰当。故在两段不同的劳动关系中，同一用人单位可以对同一劳动者再次约定试用期，故法院对原告的诉讼请求不予支持。

补充说明

“同一用人单位与同一劳动者只能约定一次试用期”应理解为在同一段劳动关系前提下更为恰当。

难点七

因“三期”“医疗期”等法定事由导致劳动合同期限顺延，从而导致劳动者在同一用人单位连续工作满十年的，用人单位是否应当与劳动者签订无固定期限劳动合同？

在劳动者越来越注重自身权益保护的趋势下，出现许多劳动者因“三期”“医疗期”等法定事由导致劳动合同期限顺延而在同一用人单位连续工作满十年，进而要求用人单位签订无固定期限劳动合同，如果不同意，则面临违法终止劳动合同而支付赔偿金的巨大法律风险。用人单位在此情形下往往手足无措。

经本所律师检索发现，全国已公开类似的案例较少，但是上海、江苏、天津、广州、山东等大多数省市都在审判指南、会议纪要等文件中予以明确，主要分为以下两类观点：

第一，合同期限的续延只是为了照顾劳动者的特殊情况，其对合同终止时间进行了相应的延长，而非不得终止。《劳动合同法》第四十五条也明确规定：“劳动合同期满，有本法第四十二条规定情形之一的，劳动合同应当延续至相应的情形消失时终止。”在法律没有对终止的情形做出特别规定的情况下，不能违反法律关于合同终止的有关规定随意扩大解释，将订立无固定期限合同的后果纳入其中。因此，法定的续延事由消失时，合同自然终止。持有该观点主要为上海市、攀枝花市等。

第二，“三期”“医疗期”等为劳动者依法应当享受的基本劳动权利，该法定期间理应归属于正常的劳动关系存续期间，属于劳动关系连续计算范畴，也符合劳动立法的基本精神，且暂无明确的法律规定对此予以排斥或限制。因此，此种情形且满足用人单位应当与劳动者订立无固定期限劳动合同的法定条件。持有该观点主要为江苏、天津、广州、山东等大多数省市。

地域：四川省

文件名称/案例名称

攀枝花市人力资源和社会保障局网——《劳动法规500问》

主要内容/观点

观点一：劳动合同期满后，因具有《劳动合同法》第四十二条第（一）、（三）、（四）、（六）项规定情形而延续，由此导致劳动者在同一用人单位连续满10年，劳动者请求确认与用人单位之间形成无固定期限劳动合同关系的，除用人单位同意的外，不予支持。

观点二：劳动合同期满后，因具有《劳动合同法》第四十二条第（一）、（三）、（四）、（六）项规定情形而延续，由此导致劳动者在同一用人单位连续工作满10年，劳动者请求确认与用人单位之间形成无固定期限劳动合同关系的，应予支持。

指引：该问题涉及“同一用人单位连续工作时间”的认定。根据原劳动部办公厅《对〈关于如何理解“同一用人单位连续工作时间”和“本单位工作年限”的请示〉的复函》的规定，“同一用人单位连续工作时间”是指劳动者与同一用人单位保持劳动关系的时间。在计算“同一用人单位连续工作时间”时，不应扣除劳动者依法享有的医疗期时间。但复函的规定主要适用于计算医疗期、经济补偿金的情形，对于是否适用于无固定期限劳动合同的连续工作时间的计算，复函并无明确规定。根据《劳动合同法》的规定，劳动合同期满，合同当然终止。合同期限延续，只是为了照顾劳动者的特殊情况，而将劳动合同终止时间进行相应延长，并非不得终止。在法律未对终止的情况做出特别规定的前提下，不能违反法律关于合同终止的有关规定而随意扩大解释，将订立无固定期限劳动合同的后果纳入其中。因此，法定的延续事由消失时，劳动合同当然终止。

补充说明

四川省级法院未对该难点问题做明确规定，也未检索到成都市相似案例。

地域：广东省

文件名称/案例名称

《广东省高级人民法院、广东省劳动人事争议仲裁委员会关于审理劳动人事争议案件若干问题的座谈会纪要》

主要内容/观点

第十八条　劳动合同期限届满后，因符合《劳动合同法》第四十二条第（一）、（三）、（四）项规定情形而续延，致使劳动者在同一用人单位连续工作满十年，劳动者提出签订无固定期限劳动合同的，应予支持。

地域：湖南省

文件名称/案例名称

某市住房公积金管理中心与贺某劳动争议纠纷案

主要内容/观点

经审理查明，原告贺某自 2001 年 10 月到被告某市住房公积金管理中心工作，2008 年 1 月 31 日双方签订了《劳动合同书》，期限从 2008 年 1 月 1 日至 2010 年 12 月 31 日。2010 年 11 月 11 日原告生育一女孩，休产假 5 个月（自 2010 年 11 月 8 日至 2011 年 4 月 7 日止），哺乳期自 2010 年 11 月 11 日至 2011 年 11 月 11 日止。原告在 2011 年 4 月 8 日恢复上班，直至 2012 年 1 月。

法院认为，本案是一起劳动合同纠纷。本案的焦点系被告是否应当与原告签订无固定期限劳动合同、双方的劳动关系是否已经解除。原告贺某自 2001 年 10 月起一直在被告处工作，至 2012 年 1 月止，已满 10 年，故原告可以提出与被告签订无固定期限劳动合同的要求。但根据《劳动法》第二十条“劳动者在同一用人单位连续工作满十年以上，当事人双方同意续延劳动合同的，如果劳动者提出订立无固定期限的劳动合同，应当订立无固定期限的劳动合同”的规定，签订无固定期限劳动合同需劳动者与用人单位均同意续延才能发生。

补充说明

在湖南省范围内只找到一例类似情况的案例，按照该案件及其他部分案件的裁判思路，无论何种事由导致劳动者在同一用人单位连续工作满10年的，用人单位均应与其签订无固定期限合同。

地域：上海市

文件名称/案例名称

《上海市高级人民法院关于适用〈劳动合同法〉若干问题的意见》

主要内容/观点

第四条　因法定顺延事由，使得劳动者在同一单位工作时间超过十年的，劳动者是否可以据此要求签订无固定期限合同？

劳动合同期满，合同自然终止。合同期限的续延只是为了照顾劳动者的特殊情况，对合同终止时间进行的相应的延长，而非不得终止。《劳动合同法》第四十五条也明确规定：“劳动合同期满，有本法第四十二条规定情形之一的，劳动合同应当延续至相应的情形消失时终止。”在法律没有对终止的情况做出特别规定的情况下，不能违反法律关于合同终止的有关规定随意扩大解释，将订立无固定期限合同的后果纳入其中。因此，法定的续延事由消失时，合同自然终止。

地域：浙江省

文件名称/案例名称

《浙江省高级人民法院民一庭关于审理劳动争议纠纷案件若干疑难问题的解答》

主要内容/观点

第五条　劳动合同期满，但因特殊情形延续导致劳动者在同一用人单位连续工作满十年的，劳动者能否请求与用人单位订立无固定期限劳动合同？

劳动合同期满，因劳动者有下列情形之一而续延，而使劳动者在同一用人单位连续工作满十年，劳动者提出订立无固定期限劳动合同的，用人单位应当与劳动者订立无固定期限劳动合同：从事接触职业病危害作业的劳动者未进行离岗前职业健康检查，或者疑似职业病病人在诊断或者医学观察期间的；患病或者非因工负伤，在规定的医疗期内的；女职工在孕期、产期、哺乳期的。

地域：山西省

文件名称/案例名称

太原市某医院与张某劳动争议

主要内容/观点

被告张某于2002年到原告太原市某人民医院处工作，其间双方曾签订书面劳动合同两次，劳动合同期限自2008年8月1日起，至2013年8月1日止。2012年1月25日至同年3月5日，被告患病入住原告医院40天。被告在2012年2月1日至2012年6月1日，因病请假共计120天，科室及人事科签字表示同意。

2015年4月原告停发被告生活费，双方发生劳动争议。被告向太原市劳动人事仲裁委员会提出仲裁申请。原告为被申请人，被告为申请人。申请人请求：裁决被申请人与申请人签订无固定期限劳动合同……；仲裁裁决：被申请人与申请人签订无固定期限劳动合同。原告不服提起诉讼，法院维持裁决如上。

补充说明

相似案例较少，但通过本案也可以看出，只要在合法的医疗期间，须续签无固定期限的劳动合同。

地域：山东省

文件名称/案例名称

《山东省高级人民法院、山东省劳动争议仲裁委员会、山东省人事争议仲裁委员会关于适用〈中华人民共和国劳动争议调解仲裁法〉和〈中华人民共和国劳动合同法〉若干问题的意见》

主要内容/观点

第二十五条　劳动合同期满，因劳动者有下列情形之一而续延，因此达到劳动者在同一用人单位连续工作满十年，劳动者提出订立无固定期限劳动合同的，用人单位应当与劳动者订立无固定期限劳动合同：（一）从事接触职业病危害作业的劳动者未进行离岗前职业健康检查，或者疑似职业病病人在诊断或者医学观察期间的；（二）患病或者非因工负伤，在规定的医疗期内的；（三）女职工在孕期、产期、哺乳期的。

地域：天津市

文件名称/案例名称

《天津法院劳动争议案件审理指南》

主要内容/观点

第十七条　根据《劳动合同法》第四十二条、四十五条的规定，劳动合同期满，有下列情形劳动合同应当延续至相应情形消失时终止而使劳动者连续工作满十年的，除劳动者提出订立固定期限劳动合同外，用人单位拒绝与劳动者订立无固定期限劳动合同的，不予支持。

地域：江苏省

文件名称/案例名称

《江苏省高级人民法院关于审理劳动人事争议案件的指导意见》

主要内容/观点

第九条　劳动合同期限届满后，因下列情形而续延，致使劳动者在同一用人单位连续工作满十年，劳动者提出订立无固定期限劳动合同的，应予支持：（一）从事接触职业病危害作业的劳动者未进行离岗前职业健康检查，或者疑似职业病病人在诊断或者医学观察期间的；（二）患病或者非因工负伤，在规定的医疗期内的；（三）女职工在孕期、产期、哺乳期的。

难点八

连续订立两次固定期限劳动合同后，劳动者提出订立无固定期限劳动合同，用人单位是否必须订立？如不订立，是否应当支付违法终止劳动合同的赔偿金？连续订立两次固定期限劳动合同是否包括关联关系的用人单位订立的次数？

根据《劳动合同法》第十四条的规定，劳动者连续订立两次固定期限劳动合同后，且不存在《劳动合同法》第三十九条等情形时，提出订立无固定期限劳动合同的，用人单位是否无条件必须与劳动者继续签订劳动合同、建立劳动关系？本所律师检索全国各省市法院的裁判指导意见、案例，汇总分析得出以下观点：

用人单位与劳动者连续订立两次固定期限劳动合同后，若劳动者不存在《劳动合同法》第三十九条和第四十条第一项、第二项规定的情形，提出订立无固定期限劳动合同的，用人单位没有拒绝的权利，必须与劳动者订立无固定期限劳动合同，否则将面临支付高额的违法终止劳动合同赔偿金的法律风险。该观点是我国司法实践的主流观点，绝大多数省市的法院均支持该观点，包括北京、上海、四川、广东、河北、浙江、贵州、重庆等；仅有极少数省市的法院认为，用人单位有权在第二次固定期限劳动合同到期后，选择解除劳动关系，不续签无固定期限劳动合同，但也应支付经济补偿金，持有该观点的有湖南、云南等地法院。

另外，针对“连续订立两次固定期限劳动合同是否包括关联关系的用人单位订立的次数”的问题，结合我国的司法实践和北京、广东、山东等省市法院的裁判指导意见，笔者认为，如果用人单位存在恶意规避《劳动合同法》第十四条的情形，即设立关联企业，与劳动者订立劳动合同时交替使用关联单位名称，但实际的用工主体未发生变动，则订立固定期限劳动合同的次数应当连续计算。

地域：四川省

文件名称/案例名称

四川省某劳务服务有限公司与陈某劳动争议二审民事判决书

主要内容/观点

《劳动合同法》第十四条第二款："……有下列情形之一，劳动者提出或者同意续订、订立劳动合同的，除劳动者提出订立固定期限劳动合同外，应当订立无固定期限劳动合同：（一）劳动者在该用人单位连续工作满十年的；（二）用人单位初次实行劳动合同制度或者国有企业改制重新订立劳动合同时，劳动者在该用人单位连续工作满十年且距法定退休年龄不足十年的；（三）连续订立二次固定期限劳动合同，且劳动者没有本法第三十九条和第四十条第一项、第二项规定的情形，续订劳动合同的。"从法条的体系解释来看，该法条已经对适用签订无固定期限劳动合同的前提做出了规定，即劳动者提出或者同意续订、订立劳动合同的，除非劳动者不愿意订立无固定期限劳动合同，否则用人单位应当与劳动者订立无固定期限劳动合同，根据上述规定可以看出，只要劳动者同意续订，符合法条中所列举的三种情形之一，用人单位就应当与劳动者签订无固定期限劳动合同。既然该法条适用的前提已经明确为劳动者同意续订的，那么如对第（三）项"连续订立二次固定期限劳动合同，且劳动者没有本法第三十九条和第四十条第一项、第二项规定的情形，续订劳动合同的"再理解为必须由双方协商一致才续订，明显与前面规定的劳动者提出或者同意续订的适用前提相冲突，故法院认为在双方已经连续订立二次固定期限劳动合同且陈某向公司发邮件表示愿意续订的情况下，四川省某劳务服务有限公司应当与陈某订立无固定期限劳动合同。

四川省某劳务服务有限公司主张其未收到陈某所发邮件，公司系合法解除双方劳动合同。但结合证人证言、劳动合同中关于送达效力的约定等全案证据，法院对四川省某劳务服务有限公司该项主张不予支持，四川省某劳务服务有限公司在此情况下解除与某的劳动合同不符合法律规定，系违法解除劳动合同。故一审法院根据《劳动合同法》第八十七条，认定四川省某劳务服务有限公司应支付陈某违法解除劳动合同赔偿金并无不当。

地域：北京市

文件名称/案例名称

《北京市高级人民法院、北京市劳动争议仲裁委员会关于劳动争议案件法律适用问题研讨会会议纪要（二）》

主要内容/观点

第三十四条　用人单位与劳动者连续订立二次固定期限劳动合同的，第二次固定期期限劳动合同到期时，用人单位能否终止劳动合同？

根据《劳动合同法》第十四条第二款第三项规定，劳动者有权选择订立固定期限劳动合同或者终止劳动合同，用人单位无权选择订立固定期限劳动合同或者终止劳动合同。上述情形下，劳动者提出或者同意续订、订立无固定期限劳动合同，用人单位应当与劳动者订立无固定期限劳动合同。

第三十五条　用人单位与劳动者连续订立二次固定期限劳动合同后，劳动者与用人单位再次订立固定期限劳动合同的，最后一次固定期限劳动合同到期时，用人单位是否可以终止劳动合同？

在用人单位与劳动者连续订立二次固定期限劳动合同后，劳动者与用人单位再次订立固定期限劳动合同的，适用《劳动合同法》第十四条规定。在最后一次固定期限劳动合同到期时，应认定符合连续订立二次固定期限劳动合同的条件，排除法定情形外，劳动者提出或者同意续订、订立无固定期限劳动合同，用人单位应当与劳动者订立无固定期限劳动合同。

第三十七条　用人单位存在规避《劳动合同法》第十四条规定的下列行为，劳动者订立固定期限劳动合同和工作年限的次数仍应连续计算：（一）为减少计算劳动者的工龄，迫使劳动者与其解除或终止劳动合同后重新与其签订劳动合同的；（二）通过设立关联用人单位，在与劳动者签订合同时交替变换用人单位名称的；（三）仅就劳动合同的终止期限进行变更，用人单位无法做出合理解释的；（四）采取注销原单位、设立新单位的方式，将劳动者重新招用到新单位，且单位经营内容与劳动者的工作地点、工作内容均没有实质性变化的；（五）其他明显违反诚信和公平原则的规避行为。

补充说明

关于次数是否累计，无明文的规定，也未查到正式的裁判文书。关键还在于用人单位是否存在规避签订无固定期限劳动合同的恶意。

地域：河北省

文件名称/案例名称

秦皇岛某运输有限公司与吴某劳动争议案

主要内容/观点

上诉人秦皇岛某运输有限公司已与被上诉人吴某于2011年5月1日、2014年5月1日连续订立两次固定期限劳动合同，且上诉人未提供证据证明被上诉人有《劳动合同法》第三十九条和第四十条第一项、第二项规定的情形，被上诉人提出与上诉人签订无固定期限劳动合同，符合《劳动合同法》第十四条规定的应当签订无固定期限劳动合同的情形。上诉人主张在劳动合同届满前已告知被上诉人不再续签劳动合同，双方劳动合同到期即自动终止。本案不存在签订无固定期限劳动合同的情况等上诉理由，上诉人提出的理由均非其不与被上诉人签订无固定期限劳动合同的法定理由，亦不符合《劳动合同法》第十四条之规定。故上诉人要求不与被上诉人签订无固定期限劳动合同的上诉请求，于法无据，法院不予支持。

地域：广东省

文件名称/案例名称一

《广东省高级人民法院、广东省劳动人事争议仲裁委员会关于审理劳动人事争议案件若干问题的座谈会纪要》

主要内容/观点

第十九条　用人单位与劳动者已连续订立二次固定期限劳动合同，第二次固定期限劳动合同期满后，且劳动者没有《劳动合同法》第三十九条和第四十条第一项、第二项规定的情形，劳动者提出续订劳动合同并要求订立无固定期限劳动合同的，用人单位应当与劳动者订立无固定期限劳动合同。

文件名称/案例名称二

李某与当某印刷有限公司劳动合同纠纷再审民事判决书

主要内容/观点

2008年1月1日起施行的《劳动合同法》第十四条规定："无固定期限劳动合同，是指用人单位与劳动者约定无确定终止时间的劳动合同。用人单位与劳动者协商一致，可以订立无固定期限劳动合同。有下列情形之一，劳动者提出或者同意续订、订立劳动合同的，除劳动者提出订立固定期限劳动合同外，应当订立无固定期限劳动合同：（一）劳动者在该用人单位连续工作满十年的；（二）用人单位初次实行劳动合同制度或者国有企业改制重新订立劳动合同时，劳动者在该用人单位连续工作满十年且距法定退休年龄不足十年的；（三）连续订立二次固定期限劳动合同，且劳动者没有本法第三十九条和第四十条第一项、第二项规定的情形，续订劳动合同的。用人单位自用工之日起满一年不与劳动者订立书面劳动合同的，视为用人单位与劳动者已订立无固定期限劳动合同。"第九十七条规定："本法施行前已依法订立且在本法施行之日存续的劳动合同，继续履行；本法第十四条第二款第三项规定连续订立固定期限劳动合同的次数，自本法施行后续订固定期限劳动合同时开始计算。"经查，本案中双方当事人分别于2007年1月27日、2009年3月、2012年3月订立固定期限劳动合同，即上述《劳动合同法》施行后，李某与当某公司共订立了两次固定期限劳动合同。在最后一期的劳动合同期满前，李某书面向当某公司申请订立无固定期限劳动合同。而当某公司不同意订立无固定期限劳动合同，并于2015年4月1日书面通知李某原劳动合同到期后不再续签劳动合同。根据上述法律规定，在李某提出申请订立无固定期限劳动合同情况下，当某公司应当与李某订立无固定期限劳动合同。现当某公司并未与李某订立无固定期限劳动合同，并以原劳动合同期满为由终止双方的劳动合同，违反了上述法律规定，属于违法终止劳动合同关系。依照《劳动合同法》第八十七条规定："用人单位违反本法规定解除或者终止劳动合同的，应当依照本法第四十七条规定的经济补偿标准的二倍向劳动者支付赔偿金。"当某公司已违反了《劳动合同法》相关规定，依法应当向李某支付赔偿金。

文件名称/案例名称三

《广东省高级人民法院、广东省劳动争议仲裁委员会关于适用〈中华人民共和国劳动争议调解仲裁法〉〈中华人民共和国劳动合同法〉若干问题的指导意见》

主要内容/观点

第二十二条　用人单位恶意规避《劳动合同法》第十四条的下列行为，应认定为无效行为，劳动者的工作年限和订立固定期限劳动合同的次数仍应连续计算：……（二）通过设立关联企业，在与劳动者签订合同时交替变换用人单位名称的。

地域：湖南省

文件名称/案例名称

上诉人陈某明与被上诉人湖南某汽车运输公司劳动争议案

主要内容/观点

《劳动合同法》第十四条第二款规定：用人单位与劳动者协商一致，可以订立无固定期限劳动合同。有下列情形之一，劳动者提出或者同意续订、订立劳动合同的，除劳动者提出订立固定期限劳动合同外，应当订立无固定期限劳动合同：（一）劳动者在该用人单位连续工作满十年的；（二）用人单位初次实行劳动合同制度或者国有企业改制重新订立劳动合同时，劳动者在该用人单位连续工作满十年且距法定退休年龄不足十年的；（三）连续订立二次固定期限劳动合同，且劳动者没有本法第三十九条和第四十条第一项、第二项规定的情形，续订劳动合同的。对于该条款第（三）项，从立法本意来看，劳动者提出或者同意续订、订立劳动合同之前需具备三个条件：（1）连续订立二次固定期限劳动合同；（2）劳动者没有本法第三十九条和第四十条条第一项、第二项规定的情形；（3）续订劳动合同的。由此可见，再次订立劳动合同，必须双方达成合意（续订劳动合同），即用人单位愿意与劳动者续订劳动合同。在用人单位不愿意续订劳动合同的情况下，用人单位有权在劳动合同到期之后终止劳动合同。而且《劳动合同法》第十四条第二款第（一）项、第（二）项均无续订劳动合同的这个条件，只要达到十年则可直接签订，只有第（三）项还保留了续订劳动合同的这个条件，之所以在表达上有差别，是为了体现该法条第（一）、（二）项与第（三）项的处理是有区别的。综上，《劳动合同法》第十四条第二款第（三）项的本意是用人单位与劳动者连续订立了二次固定期限劳动合同之后，劳动者没有本法第三十九条和第四十条第一项、第二项规定的情形，如果双方同意续订劳动合同，则应该按照劳动者的要求订立固定或者无固定期限的劳动合同，如果用人单位不同意续订劳动合同的，劳动合同便因期满而终止。

地域：上海市

文件名称/案例名称

《上海市高级人民法院关于适用〈劳动合同法〉若干问题的意见》

主要内容/观点

第四条第一款　应订未订无固定期限劳动合同的处理。

劳动者提出订立无固定期限劳动合同的请求符合法律规定，用人单位未依法与其订立的，根据《最高人民法院关于审理劳动争议案件适用法律若干问题的解释》（法释（2001）14 号）第十六条第二款的规定，可以“视为双方之间存在无固定期限劳动合同关系，并以原劳动合同确定双方的权利义务关系”。其中，“原劳动合同确定的双方权利义务关系”，包括书面合同方式确定的权利义务关系和以事实劳动关系方式确定的权利义务关系。

第四条第四款　用人单位与劳动者连续订立几次固定期限劳动合同以后，续订合同应当订立无固定期限合同。

根据《劳动合同法》第十四条第二款第（三）项的规定，应当针对的是劳动者已经与用人单位连续订立二次固定期限劳动合同后，与劳动者第三次续订合同时，劳动者提出签订无固定期限劳动合同的情形。

地域：浙江省

文件名称/案例名称

《浙江省高级人民法院民事审判第一庭、浙江省劳动人事争议仲裁院关于审理劳动争议案件关于审理劳动争议案件若干问题的解答（二）》

主要内容/观点

第五条　用人单位与劳动者连续订立二次固定期限劳动合同，第二次劳动合同到期后，劳动者要求订立无固定期限劳动合同的，应否支持？

答：用人单位与劳动者已连续订立二次固定期限劳动合同，第二次固定期限劳动合同期满后，劳动者根据《劳动合同法》第十四条第二款第三项的规定提出续订劳动合同并要求订立无固定期限劳动合同的，应予支持。对劳动合同的内容，双方应当按照合法、公平、平等自愿、协商一致、诚实信用的原则协商确定；对协商不一致的内容，依照《劳动合同法》第十八条的规定执行。

第六条　劳动者依据《劳动合同法》第十四条的规定提出订立无固定期限劳动合同，用人单位违反规定未与劳动者订立无固定期限劳动合同的，二倍工资的最长支付期限为11个月。

补充说明

不存在《劳动合同法》第三十九条和第四十条第一项、第二项规定的情况下，无论用人单位是否同意续订劳动合同，只要劳动者提出，用人单位就必须同意续订，而且是订立无固定期限劳动合同。如不订立，需要支付二倍经济补偿金。

地域：贵州省

文件名称/案例名称一

王某与贵州某实业公司劳动争议二审民事判决书

主要内容/观点

本案中，王某于2011年8月3日入职贵州某实业公司后，双方分别于2011年8月3日、2013年9月6日签订书面劳动合同。在第二份书面劳动合同期限于2016年9月6日届满后，贵州某实业公司未与王某再签订书面劳动合同，但王某仍在公司工作直至其于2017年9月26日向该公司送达解除劳动关系通知书。故根据《劳动合同法》第十四条第二款第三项“用人单位与劳动者协商一致，可以订立无固定期限劳动合同。有下列情形之一，劳动者提出或者同意续订、订立劳动合同的，除劳动者提出订立固定期限劳动合同外，应当订立无固定期限劳动合同：（三）连续订立二次固定期限劳动合同，且劳动者没有本法第三十九条和第四十条第一项、第二项规定的情形，续订劳动合同的”、第八十二条第二款“用人单位违反本法规定不与劳动者订立无固定期限劳动合同的，自应当订立无固定期限劳动合同之日起向劳动者每月支付二倍的工资”的规定，贵州某实业公司应在扣除一个月的宽限期后，向王某支付未签订书面劳动合同的二倍工资数额为：3037.94元/月×11月=33417.34元。

文件名称/案例名称二

梁某与贵阳某投资公司劳动争议二审民事判决书

主要内容/观点

本案中，梁某于 2011 年 7 月 14 日入职贵阳某投资公司后曾与贵阳某投资公司签订两次固定期限劳动合同，根据《劳动合同法》第十四条第二款第（三）项“用人单位与劳动者协商一致，可以订立无固定期限劳动合同。有下列情形之一，劳动者提出或者同意续订、订立劳动合同的，除劳动者提出订立固定期限劳动合同外，应当订立无固定期限劳动合同：（三）连续订立二次固定期限劳动合同，且劳动者没有本法第三十九条和第四十条第一项、第二项规定的情形，续订劳动合同的”的规定，贵阳某投资公司在第二次劳动合同期限届满后应当与梁某签订无固定期限劳动合同，但双方在梁某离职前一直未续签劳动合同。根据《劳动合同法》第八十二条第二款“用人单位违反本法规定不与劳动者订立无固定期限劳动合同的，自应当订立无固定期限劳动合同之日起向劳动者每月支付二倍的工资”的规定，贵阳某投资公司应从 2015 年 7 月 1 日起向梁某支付未签订无固定期限劳动合同的双倍工资。

补充说明

贵阳市中院将连续订立两次固定期限劳动合同后不与劳动者再次签订书面劳动合同的行为认定为违法行为，贵阳某投资公司应当承担不签订劳动合同双倍工资罚则的责任。

文件名称/案例名称三

陈某与贵州遵义某混凝土公司劳动合同纠纷民事二审判决书

主要内容/观点

贵州遵义某混凝土公司的投资方西南水泥公司向包括公司在内的多家混凝土公司发出通知，要求各公司“定职、定岗、定编”、严控员工人数、精简机构，要求将辅助性岗位对外承包。根据西南水泥公司的要求，贵州遵义某混凝土公司对辅助性岗位职工进行裁员，将辅助性岗位对外承包。虽然陈某与贵州遵义某混凝土公司签订了两次固定期限劳动合同，根据《劳动合同法》第十四条第二款第（三）项的规定，贵州遵义某混凝土公司应与陈某签订无固定期限劳动合同。但由于贵州遵义某混凝土公司经营方式调整，陈某原从事的辅助性岗位已不存在，贵州遵义某混凝土公司无法安排陈某的工作。依照《劳动合同法》第四十一条“企业转产、重大技术革新或者经营方式调整，经变更劳动合同后，仍需裁减人员的，可以裁减人员”的规定，贵州遵义某混凝土公司根据其经营状况，在不违反法律规定的情况下，有权进行经济性裁员。陈某第二次劳动合同至2014年2月24日止。2014年1月17日，贵州遵义某混凝土公司向陈某发出因合同期满不再续签劳动合同的通知，解除与陈某的劳动合同。贵州遵义某混凝土公司已按遵义市红花岗区劳动人事争议仲裁委员会做出的遵市红区劳人仲字（2014）××号裁决书支付陈某经济补偿金3362元。因此，贵州遵义某混凝土公司与陈某解除劳动关系不违反法律规定。陈某的该项上诉理由不能成立，法院不予支持。

地域：重庆市

文件名称/案例名称一

《重庆市高院等六部门关于劳动争议案件法律适用问题专题座谈会纪要（二）》

主要内容/观点

第一条　根据《劳动合同法》第十四条之规定，在符合订立无固定期限劳动合同的情形下，除非用人单位与劳动者协商一致订立固定期限劳动合同或者劳动者主动提出订立固定期限劳动合同，否则用人单位应当与劳动者订立无固定期限劳动合同。在实践中，法院对在用人单位实际与劳动者订立了固定期限劳动合同的情况下，能否视为双方协商一致订立固定期限劳动合同，存在分歧意见。

多数意见认为，仅凭双方订立固定期限劳动合同的事实不能得出用人单位与劳动者协商一致订立固定期限劳动合同的结论。除该事实，如果用人单位还能举示其已告知劳动者享有订立无固定期限劳动合同的权利，或者劳动者做出的放弃订立无固定期限劳动合同、同意订立固定期限劳动合同的证据，劳动者又以用人单位未订立无固定期限劳动合同为由主张权利的，人民法院不予支持。

少数意见认为，双方订立了固定期限劳动合同就应视为双方一致同意订立固定期限劳动合同，劳动者以用人单位未订立无固定期限劳动合同为由主张权利的，法院不予支持。

重庆市高级人民法院倾向于同意多数意见。

文件名称/案例名称二

《重庆市高院等六部门关于劳动争议案件法律适用问题专题座谈会纪要（三）》

主要内容/观点

第二条　符合订立无固定期限劳动合同情形，但事实上用人单位与劳动者订立固定期限劳动合同，劳动者要求支付二倍工资差额是否支持的问题

第一种意见认为，在符合订立无固定期限劳动合同的情形下，仅凭双方订立固定期限劳动合同的事实不能得出用人单位与劳动者对订立固定期限劳动合同达成一致的结论，用人单位能够举证证明以下事实的，可以认定为用人单位与劳动者协商一致订立固定期限劳动合同：

（一）劳动者明确表示与用人单位订立固定期限劳动合同；

（二）劳动者做出放弃订立无固定期限劳动合同的承诺、保证；

（三）用人单位告知劳动者享有订立无固定期限劳动合同权利；

（四）劳动合同文本系由劳动者制作或者提出；

（五）劳动者系具有订立劳动合同职责的主管人员或专职人员。

用人单位不能举证证明前述事实存在的，法院对劳动者请求支付二倍工资差额的请求应当予以支持。第二种意见认为，在符合订立无固定期限劳动合同，但用人单位与劳动者订立固定期限劳动合同的情形下，劳动者可以随时提出订立无固定期限劳动合同的请求。劳动者提出后，用人单位拒绝签订的，应当从劳动者提出之日支付二倍工资差额。

重庆市高级人民法院同意第一种意见。

文件名称/案例名称三

《市高法院、一五中法院民事审判长 7 月例会会议综述》

主要内容/观点

第二条　用人单位与劳动者连续订立两次固定期限劳动合同后，在劳动者没有《劳动合同法》第三十九条和四十条第一款、第二款规定的情形下，第三次用人单位与之订立的仍然是固定期限劳动合同，劳动者起诉用人单位要求支

付其未签订无固定期限劳动合同二倍工资的，法院是否应当支持？

一致意见认为，用人单位与劳动者连续订立两次固定期限劳动合同后，第三次订立的劳动合同应当推定为强制签订无固定期限劳动合同。如果用人单位违背劳动者的真实意思，在第三次签约时仍然签订的是固定期限劳动合同，劳动者起诉用人单位要求支付其未签订无固定期限劳动合同二倍工资的，人民法院应当支持。

关于举证责任的分配，多数意见认为，在劳动者与用人单位已经采取书面方式签订了固定期限劳动合同时，证明订立固定期限劳动合同不是其真实意思表示的举证责任应分配给劳动者。少数意见认为，用人单位应当对劳动者提出订立固定期限劳动合同的事实承担举证责任。

重庆市高级人民法院民一庭倾向于多数意见。另外，劳动者与用人单位已经订立固定期限劳动合同或无固定期限劳动合同，劳动者在履行过程中不能随意终止合同，请求用人单位变更固定期限劳动合同为无固定期限劳动合同或变更无固定期限劳动合同为固定期限劳动合同。此外，重庆市高级人民法院民一庭可以建议市总工会发文要求用人单位就订立的劳动合同的种类给劳动者发征求意见函。

文件名称/案例名称四

重庆某汽车钢材部件有限公司与苏某劳动争议二审民事判决书

主要内容/观点

《劳动合同法》第十四条第二款规定："用人单位与劳动者协商一致，可以订立无固定期限劳动合同。有下列情形之一，劳动者提出或者同意续订、订立劳动合同的，除劳动者提出订立固定期限劳动合同外，应当订立无固定期限劳动合同：（一）劳动者在用人单位连续工作满10年的；…（三）连续订立二次固定期限劳动合同，且劳动者没有本法第三十九条和第四十条第一项、第二项规定的情形，续订劳动合同的。"本案中，至2017年5月，被告在原告单位已连续工作满10年，且双方连续签订多次固定期限劳动合同，即使存在被告自愿签订的情形，根据上述法律规定，原告亦无权单方终止劳动合同，因为在任何一期劳动合同到期时，原告作为用人单位都有义务与作为劳动者的被告续签无固定期限劳动合同，在没有劳动者明确拒绝的情形下，原告应当与被告签订无固定期限劳动合同，而无终止到期劳动合同的权利。况且，在劳动合同到期前，被告已明确表示要求与原告订立无固定期限劳动合同，在此情形下，原告依然终止双方的劳动合同，属于违法解除。

补充说明

本案例即说明了“二次”又说明了是否受“二次”次数限制。

文件名称/案例名称五

重庆某物业管理有限责任公司与王某富劳动合同纠纷二审民事判决书

主要内容/观点

《劳动合同法》第十四条第二款规定：“用人单位与劳动者协商一致，可以订立无固定期限劳动合同。有下列情形之一，劳动者提出或者同意续订、订立劳动合同的，除劳动者提出订立固定期限劳动合同外，应当订立无固定期限劳动合同：……（三）连续订立二次固定期限劳动合同，且劳动者没有本法第三十九和第四十条第一项、第二项规定的情形，续订劳动合同的。”第八十二条第二款规定：“用人单位违法本法规定不与劳动者订立无固定期限劳动合同的，自应当订立无固定期限劳动合同之日起向劳动者每月支付二倍的工资。”本案中，王某富入职后分别于 2011 年 1 月 1 日、2014 年 1 月 1 日连续签订两次固定期限劳动合同，双方继续用工，应按签订无固定期限劳动合同。现物业公司提出固定期限劳动合同系王某富本人在续订劳动合同时要求签订，但未对该事实举示相应证据，应当承担举证不能的后果，一审认定双方未签订无固定期限劳动合同的责任应由物业公司承担正确，物业公司应当向王某富支付 2017 年 2 月 1 日至 2017 年 12 月 31 日期间未签订无固定期限劳动合同的二倍工资差额 30800 元。

文件名称/案例名称六

冉某权与某电子（重庆）有限公司劳动合同纠纷再审案

主要内容/观点

根据《劳动合同法》第十四条的规定，连续订立二次固定期限劳动合同，且劳动者没有本法第三十九条和第四十条第一项、第二项规定的情形，续订劳动合同的，劳动者提出或者同意续订、订立劳动合同的，除劳动者提出订立固定期限劳动合同外，应当订立无固定期限劳动合同。本案中，冉某权与公司已连续订立两次固定期限劳动合同，在双方的第二次固定期限劳动合同到期前，公司提出订立无固定期限劳动合同而冉某权同意，或者冉某权提出订立无固定期限劳动合同，公司应当与冉某权订立无固定期限劳动合同。但在2013年12月31日双方的第二次固定期限劳动合同到期前，冉某权并没有向公司提出续订无固定期限劳动合同。虽然冉某权称公司在向其发出合同到期不再续签劳动合同告知书时，口头提出要求签订无固定期限劳动合同，但因公司对此陈述不予认可，且冉某权也无相应证据证明。因此，在第二次固定期限劳动合同到期前，冉某权并未提出签订无固定期限劳动合同。冉某权于2014年1月4日向公司邮寄签订无固定期限劳动合同申请，此时双方的劳动合同已经到期终止，冉某权也未继续在公司工作，双方已不具备续签无固定劳动合同的实质条件。

虽然《重庆市劳动合同管理暂行办法》第十一条规定了用人单位应当在劳动合同终止之前30日，与劳动者协商是否续订劳动合同，并达成意向性协议，但双方是否续签劳动合同，应当以双方是否有续签劳动合同的意思表示为准。即便某公司没有在劳动合同到期前30日与冉某权协商是否续订劳动合同，仍不影响冉某权可以根据《劳动合同法》的相关规定在劳动合同到期前向某公司提出续订劳动合同。因此，某公司与冉某权之间的劳动合同因到期而终止，不属于违法解除劳动合同，一、二审法院未支持冉某权要求公司支付违法解除劳动合同的赔偿金的诉讼请求，并无不当。

补充说明

用人单位与劳动者第二次固定期限劳动合同到期前，劳动者未书面主张订立无固定期限劳动合同，且在劳动合同终止后未继续在用人单位工作的，双方已经不具备签订无固定期限劳动合同的实质要件，劳动者再主张签订无固定期限劳动合同的，法院不予支持。

地域：湖北省

文件名称/案例名称一

王某与某汽车零部件（上海）有限公司武汉分公司劳动争议二审民事判决书

主要内容/观点

《劳动合同法》第十四条第二款第三项规定：“用人单位与劳动者协商一致，可以订立无固定期限劳动合同。有下列情形之一，劳动者提出或者同意续订、订立劳动合同的，除劳动者提出订立固定期限劳动合同外，应当订立无固定期限劳动合同：（三）连续订立二次固定期限劳动合同，且劳动者没有本法第三十九条和第四十条第一项、第二项规定的情形，续订劳动合同的。”王某和武汉分公司连续订立二次固定期限劳动合同之后，武汉分公司未提交证据证明王某存在劳动合同法第三十九条和第四十条第一项、第二项规定的应当辞退的过错性事由或者不能胜任工作事由的情形，王某有签订无固定期限劳动合同的选择权，武汉分公司则有根据王某选择而续订劳动合同的义务，没有在第二次固定期限劳动合同到期选择终止劳动合同的权利。王某提出订立无固定期限劳动合同，武汉分公司与王某应当订立无固定期限劳动合同。王某该项上诉理由成立，法院对其上诉请求予以支持。

文件名称/案例名称二

某网络信息技术（上海）有限公司与王某刚劳动争议再审审查与审判监督民事裁定书

主要内容/观点

根据《劳动合同法》第十四条第二款关于“用人单位和劳动者协商一致，可以订立无固定期限劳动合同。有下列情形之一，劳动者提出或者同意续订、订立劳动合同的，除劳动者提出订立固定期限合同外，应当订立无固定期限劳动合同：……（三）连续订立二次固定期限劳动合同，且劳动者没有本法第三十九条和第四十条第一项、第二项规定的情形，续订劳动合同的”的规定，对于劳动者与用人单位已连续订立二次固定期限劳动合同，只要劳动者没有《劳动合同法》第三十九条和第四十条第一项、第二项规定的情形，劳动者提出与用人单位续订劳动合同，并要求订立无固定期限劳动合同的，用人单位就应当与劳动者订立无固定期限劳动合同。本案中，从 2008 年 9 月 1 日起，王某刚与公司之间连续签订合同期限均为 2 年的劳动合同多份，最后一次所签劳动合同于 2016 年 9 月 30 日到期。王某刚有权要求与公司订立无固定期限劳动合同，双方之间的劳动关系并未因劳动合同期满而当然解除。

《劳动合同法》第八十七条规定：“用人单位违反本法规定解除或者终止劳动合同的，应当依照本法第四十七条规定的经济补偿标准的二倍向劳动者支付赔偿金。”公司没有提交证据证明王某刚具有《劳动合同法》第三十九条和第四十条第一项、第二项规定的情形，现公司以劳动合同于 2016 年 9 月 30 日到期为由，终止与王某刚的劳动关系，符合《劳动合同法》第八十七条规定的应由用人单位向劳动者支付经济赔偿金的情形。原终审判决判令公司向王某刚支付经济赔偿金并无不当。公司关于“连续两次订立固定期限劳动合同后，只有用人单位同意续签劳动合同，且劳动者提出订立无固定期限劳动合同的，用人单位才应订立无固定期限劳动合同；若用人单位不同意续签劳动合同，即使劳动者提出订立无固定期限劳动合同，用人单位也有权终止劳动合同”的主张，缺乏法律依据，法院不予支持。

地域：山西省

文件名称/案例名称一

田某与阳泉某（集团）有限责任公司劳动争议纠纷二审民事判决书

主要内容/观点

上诉人与被上诉人签订了两次固定期限劳动合同，此后双方并未续签，故不符合应当签订无固定期限劳动合同的情形，对上诉人要求签订无固定期限劳动合同的请求，法院不予支持。《劳动合同法》第四十六条规定：“有下列情形之一的，用人单位应当向劳动者支付经济补偿：（五）除用人单位维持或者提高劳动合同约定条件续订劳动合同，劳动者不同意续订的情形外，依照本法第四十四条第一项规定终止固定期限劳动合同的。”第四十四条规定：“有下列情形之一的，劳动合同终止：（一）劳动合同期满的，上诉人与被上诉人签订的劳动合同因合同到期终止，被上诉人应当向上诉人支付相应的经济补偿，补偿标准为每满一年支付一个月工资。”

补充说明

签订了两次固定期限劳动合同，此后双方并无续签的合意的，不符合应当签订无固定期限劳动合同的情形。

文件名称/案例名称二

刘某诉山西省长治某煤业有限公司劳动争议纠纷一审民事判决书

主要内容/观点

《劳动合同法》第十四条：“无固定期限劳动合同，是指用人单位与劳动者约定无确定终止时间的劳动合同。用人单位与劳动者协商一致，可以订立无固定期限劳动合同。有下列情形之一，劳动者提出或者同意续订、订立劳动合同的，除劳动者提出订立固定期限劳动合同外，应当订立无固定期限劳动合同：（一）劳动者在该用人单位连续工作满十年的。”本案中，原告对于签订无固定期限的劳动合同主体适格，但双方仍签订了 2008 年 9 月 20 日至 2009 年 9 月 20 日为期一年及 2010 年 3 月 25 日至 2013 年 3 月 25 日为期三年的固定期限合同，故应视为原被告签订的是固定期限的劳动合同，被告在合同期满后依法向原告送达了书面的解除劳动通知书，并无不当，同时本案也不存在其他的违法解除劳动合同的情形，故被告解除与原告的劳动合同关系不属于违法解除，原告要求被告支付其双倍赔偿金，法院不予支持。依据《劳动合同法》第四十七条“经济补偿按劳动者在本单位工作的年限，每满一年支付一个月工资的标准向劳动者支付”之规定，被告应按照原告工作年限支付原告经济补偿金。

补充说明

解除劳动合同关系不属于违法解除的，依据《劳动合同法》第四十七条“经济补偿按劳动者在本单位工作的年限，每满一年支付一个月工资的标准向劳动者支付”之规定，应按照原告工作年限支付经济补偿金。

文件名称/案例名称三

安某与某煤电（集团）有限责任公司劳动争议二审民事判决书

主要内容/观点

本案原、被告终止劳动合同时，《劳动合同法》尚未施行，故原告与被告在 1995 年 7 月终止劳动合同时，应适用《劳动法》的有关规定。《劳动法》第二十条第二款规定：“劳动者在同一用人单位连续工作满十年以上，当事人双方同意延续劳动合同的，如果劳动者提出订立无固定期限的劳动合同，应当订立无固定期限的劳动合同。”该规定赋予了劳动者对于签订无固定期限劳动合同的选择权，但对于这一选择权，在“双方同意延续劳动合同”的规定下，用人单位可以以不同意续延劳动合同为由，拒签无固定期限的劳动合同，并非指在劳动者同意的情形下就一律订立无固定期限的劳动合同。

地域：云南省

文件名称/案例名称一

廖某诉深圳市某粮油供应有限公司、深圳市某联合谷物有限公司劳动合同纠纷案

主要内容/观点

无固定期限劳动合同，是指用人单位与劳动者约定无确定终止时间的劳动合同。《劳动合同法》第十四条规定："用人单位与劳动者协商一致，可以订立无固定期限劳动合同。有下列情形之一，劳动者提出或者同意续订、订立劳动合同的，除劳动者提出订立固定期限劳动合同外，应当订立无固定期限劳动合同：（三）连续订立二次固定期限劳动合同，且劳动者没有本法第三十九条和第四十条第一项、第二项规定的情形，续订劳动合同的。"该条法律规定并没有强制性要求用人单位与劳动者签订了两次固定期限劳动合同后，就应当签订无固定期限劳动合同，而是以双方当事人的合意为准，廖某连续签订了四次固定期限的劳动合同，由此可见，双方当事人是经过协商一致达成了签订固定期限劳动合同的合意，故法院依法驳回廖某请求深圳市某粮油供应有限公司未签订无固定期限合同支付两倍工资的诉请。

补充说明

本案中员工和单位签订了 4 次固定期限劳动合同，但劳动者没有提出签订无固定期限劳动合同。

文件名称/案例名称二

刘某与安宁市某有限责任公司劳动合同纠纷一审民事判决书

主要内容/观点

《劳动合同法》第十四条规定："无固定期限劳动合同，是指用人单位与劳动者约定无确定终止时间的劳动合同……有下列情形之一……除劳动者提出订立固定期限劳动合同外，应当订立无固定期限劳动合同：（三）连续订立二次固定期限劳动合同，且劳动者没有本法第三十九条和第四十条第一项、第二项规定的情形，续订劳动合同的。"第九十七条规定："本法施行前已依法订立且

在本法施行之日存续的劳动合同，继续履行；本法第十四条第二款第三项规定连续订立固定期限劳动合同的次数，自本法施行后续订固定期限劳动合同时开始计算。”本案双方于2010年5月8日、2013年5月8日连续签订的两次固定期限劳动合同，为劳动合同法意义上的第一、二次固定期限劳动合同，其后除非劳动者提出订立固定期限劳动合同，否则应订立无固定期限劳动合同。本案中，用人单位并未举证证实劳动者提出订立固定期限劳动合同的请求，因此应当视为双方于2016年5月8日应签订的劳动合同为无固定期限劳动合同。确认双方系无固定期限劳动合同关系后，本案劳动关系一直处于存续期间，安宁市某有限责任公司也一直处于存续状态，本案无终止或解除劳动关系的事实存在。

文件名称/案例名称三

刘某与昆明市某资源开发股份有限公司劳动争议一审民事判决书

主要内容/观点

本案中，刘某与昆明市某资源开发股份有限公司于2012年2月1日签订劳动合同合同后，于2014年1月31日续签劳动合同至2015年1月31日，劳动合同有双方的签字、盖章，视为协商一致。故刘某要求昆明市某资源开发股份有限公司支付未签订无固定期限劳动合同的双倍工资的请求，法院依法予以驳回。

补充说明

原告认为与被告订立两次固定期限合同后，原告书面申请签订无固定期限劳动合同，被告以不符合单位用工制度为由，拒绝签订，原告被迫继续签订续订固定期限劳动合同。被告认为没有签订无固定期限劳动合同是双方自愿。刘某与某资源公司于2012年2月1日签订劳动合同合同后，于2014年1月31日续签劳动合同至2015年1月31日，劳动合同有双方的签字、盖章，视为协商一致。故对刘某要求昆明市某资源开发股份有限公司支付未签订无固定期限劳动合同的双倍工资的请求，人民法院依法予以驳回。

文件名称/案例名称四

刘某与昆明市某医院劳动争议纠纷二审民事判决书

主要内容/观点

《劳动合同法》第四十四条第（一）项规定，有下列情形之一的，劳动合同终止：（一）劳动合同期满的；第四十六条第（五）项规定，有下列情形之一的，用人单位应当向劳动者支付经济补偿：……（五）除用人单位维持或者提高劳动合同约定条件续订劳动合同，劳动者不同意续订的情形外，依照本法第四十四条第一项规定终止固定期限劳动合同的；第四十七条第一款规定，经济补偿按劳动者在本单位工作的年限，每满一年支付一个月工资的标准向劳动者支付。六个月以上不满一年的，按一年计算；不满六个月的，向劳动者支付半个月工资的经济补偿。本案中，刘某与昆明市某医院分别于2013年9月1日、2014年9月1日签订了两次为期一年的劳动合同，第二次劳动合同期满后，昆明市某医院不愿意与刘某续订劳动合同，双方的劳动合同终止，依据前述法律规定，昆明市某医院应当向刘某支付经济补偿。

补充说明

根据《劳动合同法》第四十四条规定，两次固定期限劳动合同期满后，员工提出签订无固定期限劳动合同的，用人单位不愿意续订劳动合同的，劳动合同终止，应当支付经济补偿。

地域：山东省

文件名称/案例名称一

青岛某食品有限公司与王某劳动争议二审民事判决书

主要内容/观点

某食品公司与王某终止劳动合同的原因系在2016年4月15日做出的《解除/终止劳动合同报告书》上载明："劳动合同到期。"从王某入职至2016年3月31日，某食品公司与王某已经已连续订立两次固定期限劳动合同，符合《劳动合同法》第十四条规定的签订无固定期限劳动合同的情形，且没有《劳动合同法》第三十九条和第四十条第一项、第二项规定的用人单位可以合法解除或者预告解除劳动合同的情形，某食品公司亦没有证据证明王某存在主动要求签订固定期限劳动合同或者拒签劳动合同的情形。在双方签订的劳动合同到期前，王某已经明确向某食品公司表达了续签劳动合同的意思表示，且公司工会已经代表劳动者与公司达成了集体合同，某食品公司不顾与公司工会达成的集体合同的合意，也不考虑王某要求续签劳动合同意愿，双方之间存在建立无固定期限劳动合同的法定条件，某食品公司单方终止与王某之间的劳动合同的做法，系违法解除劳动合同，应向王某支付违法终止劳动合同赔偿金。

文件名称/案例名称二

青岛某连锁超市有限公司与崔某劳动争议二审民事判决书

主要内容/观点

本案上诉人某连锁超市公司对被上诉人崔某符合与其签订无固定期限劳动合同条件的事实没有异议。根据相关法律规定，劳动者符合签订无固定期限劳动合同条件并向用人单位提出订立的，用人单位应当与劳动者订立无固定期限劳动合同。如果用人单位明确表示不再与劳动者继续履行劳动合同，视为其违法解除劳动合同，劳动者主张用人单位支付其赔偿金的，应予以支持。本案崔某在固定期限劳动合同期满后，继续在上诉人处工作，表明其同意与上诉人继续履行劳动合同，且其向上诉人提出了签订无固定期限劳动合同的要求，上诉人应当与被上诉人签订无固定期限劳动合同，且合同所约定的劳动报酬及劳动条件等标准不应低于原合同。但上诉人在与被上诉人协商签订合同时，对被上诉人的工作岗位、工作地点均进行了变更，也大幅降低了工资报酬，双方协商不成后，上诉人便解除了与被上诉人的劳动关系。一审据此认定上诉人解除与被上诉人劳动合同违法，并判令其支付被上诉人违法解除劳动合同赔偿金并无不妥。

补充说明

根据《劳动合同法》第十四条第二款及该款第三项的规定，该种情形下续订无固定期限劳动合同需具备三个条件：（1）连续订立二次固定期限劳动合同；（2）劳动者不存在《劳动合同法》第三十九条及第四十条第一项、第二项的情形；（3）劳动者提出或同意续订、订立劳动合同。

如果以上三个前提条件都满足，此时劳动者提出订立无固定期限劳动合同，用人单位必须订立，如不续订则需要支付违法解除劳动合同的赔偿金。如劳动者提出续订而用人单位未续订无固定期限劳动合同，如未超过诉讼时效的，人民法院支持劳动者主张未签劳动合同的双倍工资；用人单位在第二次固定期限劳动合同到期解除劳动关系的，应支付赔偿金。

文件名称/案例名称三

《山东省高级人民法院、山东省劳动争议仲裁委员会、山东省人事争议仲裁委员会关于适用〈中华人民共和国劳动争议调解仲裁法〉和〈中华人民共和国劳动合同法〉若干问题的意见》

主要内容/观点

第二十七条　用人单位具有恶意规避《劳动合同法》第十四条的下列行为，劳动者的工作年限和订立固定期限劳动合同的次数应当连续计算：（一）有证据证明劳动者因用人单位的原因被迫辞职的，再重新与其订立劳动合同的；（二）通过设立关联企业，在与劳动者订立劳动合同时交替交换用人单位名称的；（三）通过非法劳务派遣的；（四）通过非法非全日制用工的；（五）其他明显违反诚信和公平原则的规避行为。

补充说明

上述意见明确了只有在用人单位存在恶意规避《劳动合同法》第十四条通过设立关联企业，与劳动者订立劳动合同时交替交换用人单位名称的情形下，订立固定期限劳动合同的次数才应当连续计算。在司法实践中法院认为，如果用人单位不存在恶意规避《劳动合同法》第十四条的行为或者无证据证实用人单位存在恶意规避《劳动合同法》第十四条的行为，则非因职工本人意愿变动用人单位的工作年限可以合并计算，但连续订立固定期限劳动合同的次数不应连续计算。

地域：安徽省

文件名称/案例名称一

某电梯有限公司与张某劳动争议二审民事判决书

主要内容/观点

《劳动合同法》第十四条第二款第（三）项规定，连续订立二次固定期限劳动合同，且劳动者没有劳动合同法第三十九条和第四十条第一项、第二项规定的情形，劳动者提出或者同意续订、订立劳动合同的，除劳动者提出订立固定期限劳动合同外，应当订立无固定期限劳动合同。根据该规定，在法定情形具备的情况下，劳动者有选择是否订立无固定期限劳动合同的权利，只要劳动者提出续订无固定期限劳动合同，用人单位就有签订无固定期限劳动合同的法定义务。在第二次固定期限劳动合同到期后，如果没有《劳动合同法》第三十九条和第四十条第一项、第二项规定的情形，用人单位不能单方随意解除劳动合同。否则，《劳动合同法》关于无固定期限劳动合同的规定将形同虚设，这种做法亦背离了《劳动合同法》关于无固定期限劳动合同制度保护劳动者职业稳定性的立法原则和精神。本案中，张某与某电梯有限公司自 2007 年 7 月 1 日起已多次续签劳动合同，完全符合订立无固定期限劳动合同的条件。某电梯有限公司在未征得张某同意的情况下，单方解除双方的劳动关系显系违法。张某要求某电梯有限公司支付经济赔偿，法院应予支持。

文件名称/案例名称二

池州某信息技术有限公司与胡某劳动争议二审民事判决书

主要内容/观点

劳动合同是劳动者与用人单位确立劳动关系、明确双方权利和义务的协议，建立劳动关系应当订立劳动合同。胡某 2014 年 4 月 18 日进入某信息公司工作至一审法院确认的劳动关系解除时间 2016 年 5 月 15 日止一直在某信息公司工作，双方对此均没有异议。根据某信息公司在一审中提交的编号为 2014006 号《劳动合同书》的载明事项，该合同书约定的合同期为 2014 年 8 月 1 日至 2015 年 12 月 31 日，但合同续订栏约定前次劳动合同期满日为 2014 年 12 月 31 日期满；续订合同的期限为 2015 年 1 月 1 日至 2015 年 12 月 31 日止，双方对合同续订栏载明事项产生的分歧和不同意见是本案的争议焦点。对此，法院认为，建立劳动关系应当订立劳动合同，在某信息公司仅提交一份劳动合同的情形下，一审结合本案实际情况，就案涉劳动合同续订栏载明事项做出对某信息公司不利的解释，从而认定胡某与某信息公司签订了两份有固定期限劳动合同，该认定并无不当。2015 年 12 月 31 日合同期满后，胡某继续在某信息公司工作，在胡某未提出签订固定期限劳动合同情况下，某信息公司公司未与胡某签订无固定期限劳动合同，违反法律规定，某信息公司公司应支付胡某未签订无固定期限劳动合同双倍工资。某信息公司在本案中未举证证明其解除劳动关系符合法律规定，一审判决支持胡某要求某信息公司支付违法解除劳动关系经济赔偿金的诉请，并无不当，二审法院予以维持。

补充说明

根据《劳动合同法》第十四条第二款及该款第三项的规定，该种情形下续订无固定期限劳动合同需具备三个条件：(1) 连续订立二次固定期限劳动合同；(2) 劳动者不存在《劳动合同法》第三十九条及第四十条第一项、第二项的情形；(3) 劳动者提出或同意续订、订立劳动合同的。

如果以上三个前提条件都满足，此时劳动者提出订立无固定期限劳动合同，用人单位必须订立，如不续订则需要支付违法解除劳动合同的赔偿金。劳动者提出续订而用人单位未续订无固定期限劳动合同，未超过诉讼时效的，法院支持劳动者主张未签劳动合同的双倍工资；用人单位在第二次固定期限劳动合同到期解除劳动关系的，应支付赔偿金。

地域：天津市

文件名称/案例名称

《天津法院劳动争议案件审理指南》

主要内容/观点

第十六条　劳动者与用人单位连续订立二次以上固定期限劳动合同，且劳动者没有《劳动合同法》第三十九条和第四十条第一项、第二项规定的情形，劳动者提出或者同意续订劳动合同，除劳动者提出订立固定期限劳动合同外，用人单位拒绝与劳动者订立无固定期限劳动合同的，不予支持。

地域：江苏省

文件名称/案例名称一

《江苏省劳动合同条例》

主要内容/观点

第十八条　在《劳动合同法》实施后，用人单位与劳动者连续订立了二次固定期限劳动合同，且劳动者没有《劳动合同法》第三十九条和第四十条第一项、第二项规定情形的，用人单位应当在第二次劳动合同期满三十日前，书面告知劳动者可以订立无固定期限劳动合同。

补充说明

《劳动合同法实施条例》在草案制定过程中曾考虑过在某些特定情况下，劳动合同订立次数也要连续计算。但是，《劳动合同法实施条例》颁布后，有关次数连续计算的规定并未保留。这充分表明，立法者的立法原意是对“次数连续计算”不予承认。

但是有两种情形下，劳动合同订立次数仍有可能被认定为应连续计算：

第一，非因劳动者辞职等原因，总公司与分公司，或分公司与分公司轮流与劳动者签订劳动合同的；

第二，用人单位恶意规避无固定期限劳动合同的订立，由关联企业与劳动者轮流订立劳动合同，但劳动关系的实质并未发生变化，只是主体发生变化的。

对于上述这两类情况，个别地方法规已经做出明确的规定。比如，广东高级人民法院发〔2008〕13 号《广东省高级人民法院、广东省劳动争议仲裁委员会关于适用〈中华人民共和国劳动争议调解仲裁法〉〈中华人民共和国劳动合同法〉若干问题的指导意见》中规定，用人单位恶意规避《劳动合同法》第十四条的规定，通过设立关联企业，在与劳动者签订合同时交替变换用人单位名称的，应认定为无效行为，劳动者的工作年限和订立固定期限劳动合同的次数仍应连续计算。

文件名称/案例名称二

孟某与某证券有限责任公司证券营业部劳动合同纠纷二审民事判决书

主要内容/观点

孟某自 2006 年 2 月进入某证券有限责任公司证券营业部工作，2012 年 9 月调至某证券有限责任公司证券营业部。某证券××营业部和××营业部同属某证券有限责任公司分公司，孟某先后与两个分公司建立劳动关系，系在同一公司内部调动，其订立劳动合同的次数应连续计算。根据《劳动合同法》第十四条第二款规定，孟某在与某证券有限责任公司证券营业部订立的合同期满时，符合连续订立二次固定期限劳动合同后应当签订无固定期限劳动合同的情形。某证券有限责任公司证券营业部直接终止劳动合同违反法律规定，应当向孟某支付违法终止劳动合同的赔偿金。某证券有限责任公司证券营业部认为分公司属于独立的用人主体，订立劳动合同的次数不应连续计算的上诉理由不能成立，对该项上诉理由，法院不予采纳。

难点九

劳动者与用人单位签订的劳动合同或保密协议中约定了竞业限制条款及违约金，劳动者在职期间违反竞业限制条款开设与用人单位存在竞争的公司或开展同类经营业务，用人单位是否可主张违反竞业限制业务的违约金？

根据《劳动合同法》第二十三条的规定，劳动者与用人单位约定了竞业限制条款，双方解除劳动关系后劳动者违反竞业限制约定，劳动者应当向用人单位支付违约金，那么，劳动者在职期间违反竞业限制条款开设与用人单位存在竞争的公司或开展同类经营业务，用人单位是否可主张违反竞业限制义务的违约金呢？针对这一问题，本所律师通过检索全国各地裁判指导意见等后发现，主要存在以下两种种裁判观点：

第一，劳动者与用人单位约定竞业限制条款以及违约金条款系双方的真实意思表示，没有违反法律法规的禁止性规定，应属合法有效。若劳动者在职期间违反竞业限制条款，则应当向用人单位支付违约金，该观点也是我国目前司法实践的主要观点，代表省市主要有四川、北京、河北等。且部分法院认为，如果劳动者不属于《劳动合同法》第二十四条规定的高级管理人员等竞业限制义务主体，那么即使劳动者与用人单位约定了竞业限制条款，也应当无效，劳动者无需支付违约金。

第二，《劳动合同法》第二十三条明确规定，解除或终止劳动合同后，若劳动者违反竞业限制条款，应向用人单位支付违约金，即劳动者支付违约金的前提条件为“解除或终止劳动合同后违反竞业限制条款”，故双方约定劳动者在职期间违反竞业限制约定支付违约金系无效约定，目前持有该观点的仅有：福建、上海等少数地区。

笔者认为，对于《劳动合同法》该条的规定不能做严格“文义解释”，因为随着我国经济形势“高歌猛进”，各行各业的竞争也越来越激烈，可能存在劳动者恶意入职窥探企业商业机密的情形，若同意劳动者在职期间允许经营同类别公司，则可能给用人单位造成巨大经济损失，不利于企业发展。

地域：四川省

文件名称/案例名称一

《四川高院关于审理劳动争议案件若干疑难问题的解答》

主要内容/观点

第三十三条　竞业限制违约责任与侵权损害赔偿责任发生竞合时，如果双方约定有违约金的，应首先适用违约金条款，如该违约金低于或高于实际损失30％的，可适当予以调整。双方未约定违约金的，按实际损失确定赔偿责任。

补充说明

劳动者在职期间违反竞业限制约定，如认定违约有困难，可考虑从侵权损害的角度对用人单位进行救济。

文件名称/案例名称二

代某与成都某文化传媒有限公司劳动争议二审民事判决书

主要内容/观点

根据本案查明的事实，2017 年 2 月 26 日至 2017 年 9 月 1 日期间，代某在成都某文化传媒有限公司处担任摄影总监及销售经理，2017 年 7 月 23 日至 2018 年 4 月 4 日期间，代某以“××传媒”“××传媒拍拍秀”的名义从事与成都某文化传媒有限公司性质相同的经营活动，并在离职后，注册成立与成都某文化传媒有限公司性质相同的四川某文化传媒有限公司。代某的上述行为确已违反双方所签《劳动合同》及《劳动合同补充内容》中关于竞业禁止的约定，对此应承担相应的责任。因劳动合同中约定代某违反竞业禁止应承担违约责任和赔偿损失，故成都某文化传媒有限公司依据合同约定同时主张违约金和赔偿损失有相应的依据，法院对代某关于成都某文化传媒有限公司不能同时主张违约金和赔偿金的上诉主张不予采纳。

地域：北京市

文件名称/案例名称

张某与北京某信息技术股份有限公司竞业限制案

主要内容/观点

我国公司法对公司董事、经理之外的一般劳动者未克以法定竞业禁止义务，但如上述劳动者与公司签有《在职竞业禁止合同》，则一般认为如合同未违反法律禁止性规定，劳动者应如约履行在职竞业禁止义务，因劳动者依契约自由原则与所任职公司达成竞业禁止约定后，应讲究信用、恪守诺言、诚实不欺，在不损害公司利益和社会公共利益的前提下追求自己的利益；且对于在职劳动者而言，在公司为其提供劳动就业机会、场所，支付劳动报酬，并为其提供积累知识、技能的便利的情况下，其工作权和生存权已有保障，法律不应牺牲公司的合法权益，而去追求劳动者自由劳动权的充分实现，否则有悖公平正义原则；公司与其董事、经理之外的可依职权和信赖关系接触或知悉商业秘密的劳动者签订在职竞业禁止协议，则更具合理性之基础。

地域：河北省

文件名称/案例名称

刘某与河北某科技有限公司劳动争议案

主要内容/观点

保密义务和竞业限制义务是劳动者基于诚实信用原则对用人单位应承担的义务。本案中，双方当事人签订了《竞业禁止及保密协议》，上诉人是被上诉人的销售总监，其知悉公司的相关信息，负有保密的义务。《劳动合同法》第二十三条并未禁止双方约定与在职期间的竞业限制义务相应的违约金。按照举轻以明重的原则，劳动者在离职后违反竞业限制义务需要支付违约金，在职期间违反该义务，也应支付违约金。

地域：广东省

文件名称/案例名称一

广州学某教育技术有限公司与周某劳动争议二审民事判决书

主要内容/观点

根据学某公司提供的《设立（开业）登记通知书》等证据及双方诉辩意见，法院足以认定周某在离职前担任与学某公司有同业竞争关系的突某公司分公司的负责人。根据《竞业限制合同》第一条、第六条的约定，依照《劳动合同法》第二十三条的规定，周某在职期间在与学某公司的同业竞争公司任职，违反竞业限制约定，应向学某公司支付违约金。

文件名称/案例名称二

张某与东莞富某文具制品有限公司劳动合同纠纷二审民事判决书

主要内容/观点

最高人民法院《关于审理劳动争议案件适用法律若干问题的解释（四）》第六条规定："当事人在劳动合同或者保密协议中约定了竞业限制，但未约定解除或者终止劳动合同后给予劳动者经济补偿，劳动者履行了竞业限制义务，要求用人单位按照劳动者在劳动合同解除或者终止前十二个月平均工资的30%按月支付经济补偿的，人民法院应予支持。"第七条规定："当事人在劳动合同或者保密协议中约定了竞业限制和经济补偿，当事人解除劳动合同时，除另有约定外，用人单位要求劳动者履行竞业限制义务，或者劳动者履行了竞业限制义务后要求用单位支付经济补偿的，人民法院应予支持。"第八条："当事人在劳动合同或者保密协议中约定了竞业限制和经济补偿，劳动合同解除或者终止后，因用人单位的原因导致三个月未支付经济补偿，劳动者请求解除竞业限制约定的，人民法院应予支持。"第九条规定："在竞业限制期限内，用人单位请求解除竞业限制协议时，人民法院应予支持。在解除竞业限制协议时，劳动者请求用人单位额外支付劳动者三个月的竞业限制经济补偿的，人民法院应予支持。"综上可知，法律关于竞业限制的规定是非常公平和明确的，劳动者应该享有的权益不会因被用人单位在劳动合同中的擅自剥夺而丧失。劳动者在遵守了一段期限的竞业限制义务后既主动可以要求解除与用人单位的后续竞业限制义务，也可以要求用人单位对之前守约部分的内容支付相应的报酬。本案中，张某在违反竞业限制义务前，并未起诉要求解除与东莞富某公司之间的竞业限制约定，故竞业限制的约定对双方仍有约束力。张某在竞业限制期内违反约定，原审法院判决其依劳动合同的约定按违约前一年平均工资双倍的违约金承担责任正确。

地域：福建省

文件名称/案例名称

厦门研某有限公司与陈某劳动争议一审民事判决书

主要内容/观点

研某公司主张竞业限制违约金，支付竞业限制违约金的条件是“在解除或者终止劳动合同后”违反竞业限制协议，本案的相关事实并不符合支付竞业限制违约金的条件，对研某公司的该主张，法院不予支持。

补充说明

劳动者在职期间违反竞业限制条款开设与用人单位存在竞争的公司或开展同类经营业务，用人单位不可以主张违反竞业限制业务的违约金。

地域：湖南省

文件名称/案例名称一

长沙某科技公司与田某劳动争议案

主要内容/观点

《劳动合同法》第二十三条规定：“用人单位与劳动者可以在劳动合同中约定保守用人单位的商业秘密和与知识产权相关的保密事项。对负有保密义务的劳动者，用人单位可以在劳动合同或者保密协议中与劳动者约定竞业限制条款，并约定在解除或者终止劳动合同后，在竞业限制期限内按月给予劳动者经济补偿。劳动者违反竞业限制约定的，应当按照约定向用人单位支付违约金。”因此，长沙某科技公司与田某在《劳动合同书》及《保密协议书》中约定竞业限制及违约金条款并未违反法律法规的强制性规定，合法有效。田某在长沙某科技公司任职期间，未征得长沙某科技公司的书面同意，在与长沙某科技公司生产、经营同类产品的其他公司担任股东，违反了双方签订的《保密协议书》的约定。但根据《保密协议书》第二十条的约定：田某违反协议，给长沙某科技公司造成经济损失，应承担全部赔偿责任，并向长沙某科技公司支付二十万元（人民币）作为违约金。双方对该条款的理解产生争议，根据《合同法》第四十一条“对格式条款的理解发生争议的，应当按照通常理解予以解释。对格式条款有两种以上解释的，应当做出不利于提供格式条款一方的解释”的规定，原审法院认定田某支付违约金应以给长沙某科技公司造成经济损失为前提并无不当。长沙某科技公司上诉提出田某的行为对长沙某科技公司造成了期待利益的损失，田某领取的工资及费用即是长沙某科技公司的经济损失，以及有合理理由相信或推定田某利用了长沙某科技公司的客户资源直接为自己公司获取经济利益而必然给长沙某科技公司造成经济损失等意见均没有充分有效的证据予以证明，其要求田某支付违约金缺乏事实及法律依据，原审法院对长沙某科技公司的该项请求不予支持并无不当。

补充说明

在协议中约定在职期间竞业限制的，法院认为劳动者违约应承担违约责任，但因为协议中约定需造成用人单位损失后方可支持违约金，而用人单位未能就损失举证，因此未支持违约金的赔偿主张。

文件名称/案例名称二

兰某与长沙某信息技术公司劳动争议案

主要内容/观点

法院认为，经审查，根据兰某与长沙某信息技术公司签订《劳动合同书》中的约定和长沙某信息技术公司规章制度相关条款的规定，长沙某信息技术公司员工在任职期间未经公司同意，不允许自营与公司同类的业务或者自己生产或经营与公司生产、经营产品同类的产品。本案中，兰某从 2015 年 9 月 11 日起在长沙某信息技术公司任职并担任公司营销总监，负责长沙某信息技术公司与唯某会公司相关合作工作。长沙某广告公司与唯某会公司两次签订合同均是在兰某任职长沙某信息技术公司期间，故兰某的行为违反了劳动合同的约定以及公司规章制度的规定。兰某在任职长沙某信息技术公司期间，担任长沙某广告公司法定代表人，并开展和经营与长沙某信息技术公司部分相同的业务，兰某的行为违反竞业限制义务。一审法院此项认定并无不当，兰某的此项上诉理由不能成立，法院不予采信。

长沙某广告公司的股东兰某与卜某系夫妻关系，兰某为法定代表人。一审法院根据长沙某广告公司股东情况、股权结构酌情判决兰某返还长沙某信息技术公司350000元并无不当。

地域：上海市

文件名称/案例名称

上海某物业顾问有限公司深圳分公司与赵某竞业限制纠纷二审民事判决书

主要内容/观点

法律仅规定劳动者离职后违反竞业限制的可支付违约金，并未明确规定在职期间违反竞业限制可适用违约金条款，且根据《劳动合同法》的相关规定，在法无明文规定情形下，不允许用人单位与劳动者随意约定违约金，故双方劳动合同中关于在职期间竞业限制违约金系无效约定，一审法院对上海某物业顾问有限公司深圳分公司要求赵某支付违约金的诉请未予支持，并无不当。此外，上海某物业顾问有限公司深圳分公司未能举证证明赵某创立某公司给其造成的实际损失，应承担举证不能的法律后果，亦无法依约要求赵某承担赔偿责任。

地域：浙江省

文件名称/案例名称

《浙江省高级人民法院民事审判第一庭、浙江省劳动人事争议仲裁院关于审理劳动争议案件关于审理劳动争议案件若干问题的解答（三）》

主要内容/观点

第五条　用人单位与劳动者约定在劳动者任职期间及离职后一定期间内不能到其他单位从事或自行从事与本单位相竞争的工作，并约定了违约责任。劳动者在职期间违反前述约定，用人单位以竞业限制为由要求劳动者承担责任的，能否支持？

答：竞业限制期间包括但不限于劳动合同解除或者终止后，用人单位与劳动者就劳动者在职期间的竞业限制义务做出约定的，应属有效。用人单位要求劳动者就其在职期间违反竞业限制约定的行为承担责任的，可予支持。劳动者要求用人单位就其在职期间履行竞业限制义务支付经济补偿，或者以用人单位未支付经济补偿为由主张在职期间竞业限制约定无效的，法院不予支持。

地域：贵州省

文件名称/案例名称

伍某与贵阳市南明区某商行劳动争议二审民事判决书

主要内容/观点

伍某与贵阳市南明区某商行签订的《劳动合同书》约定伍某在贵阳市南明区某商行项目部门岗位工程事业部（管理技术岗位或生产操作岗位）从事管理工作，其职务（工种）为总经理，伍某在任职期间及劳动关系终止及解除后 2 年内不得在贵阳生产同类产品、经营同类业务或有其他竞争关系的用人单位任职，也不得自己生产与原单位有竞争关系的同类产品或经营同类业务。若伍某违反竞业限制的规定，应向贵阳市南明区某商行赔偿所造成经济损失，并承担违约金 10 万元赔偿。伍某在未与贵阳市南明区某商行解除劳动合同的情况下，自行离职，到与贵阳市南明区某商行经营范围有重合及竞争关系的贵阳某建材公司从事工作并担任总经理职务，其行为已经违反竞业禁止义务。违约金是当事人约定一方当事人违约时应向另一方当事人支付的金钱，具有惩罚违约人和补偿无过错一方当事人所受损失的效果。伍某并未提交证据证明《劳动合同书》约定竞业限制违约金 10 万元明显高于伍某违反竞业禁止规定给贵阳市南明区某商行造成损失，法院对伍某提出的对竞业禁止违约金金额进行调整的上诉请求不予支持。综上，一审判决以伍某的行为已违反《劳动合同书》中对于竞业限制的约定为由判令伍某支付贵阳市南明区某商行 10 万元违约金并无不当，法院予以维持。

补充说明

若双方在合同中明确约定在职期间的竞业限制，劳动者违反该约定的，则应承担违约责任。

地域：陕西省

文件名称/案例名称一

邓某某与西安某友信息技术资讯有限公司劳动争议纠纷一审民事判决书

主要内容/观点

《劳动合同法》第二十三条规定，用人单位与劳动者可以在劳动合同中约定保守用人单位的商业秘密和知识产权保密事项。对负有保密义务的劳动者，用人单位可以在劳动合同或者保密协议中与劳动者约定竞业限制条款，并约定在解除后者终止劳动合同后，在竞业限制期限内按月给予劳动者经济补偿。劳动者违反竞业限制约定的，应当按照约定向用人单位支付违约金。该法条系劳动者应向用人单位支付违约金的情形。本案中，邓某某与某友信息公司产生争议的行为发生在邓某某在职期间，并不适用上述关于离职后违反竞业限制应支付违约金的规定，但原告与被告的约定应适用普通民事法律的相关规定予以调整。

根据《劳动合同法》第一百零七条，当事人一方不履行合同义务或者履行合同义务不符合约定的，应当承担继续履行、采取补救措施或者赔偿损失等违约责任。第一百二十二条，因当事人一方的违约行为，侵害对方人身、财产权益的，受损害方有权选择依照本法要求其承担违约责任或者依照其他法律要求其承担侵权责任。本案中，原告与被告签订的《保密及竞业限制协议》系合法有效的合同，且不违反法律及强制性法规的相关规定，系双方真实意思表示，原告与被告均应依约予以履行。但是邓某某在职期间，利用其父母的身份信息，经营与某友信息公司具有同类业务的深圳某某荣科技有限公司，并且利用某友信息公司的客户平台信息与某乐宝生物公司、某昇园林公司等签订销售合同，利用被告公司办事处的员工谢某某向上述客户提供服务，由深圳某某荣公司获取利益，原告邓某某的行为违反了双方签订的《保密及竞业限制协议》第八条、第十二条规定，应该由原告向被告承担违约责任，向被告支付违约金50000元。针对被告要求原告向其赔偿损失43500元的请求，因被告并未就其损失提供有效证据，因此法院不予支持。

文件名称/案例名称二

孔某与西安某美力化学应用技术有限公司、某某卡（上海）有限公司劳动

争议纠纷一案二审民事判决

主要内容/观点

在本案中，孔某虽然主张其与孔某与某美力公司签订的《2011 年全员奖金体制方案》中竞业限制条款以及保密条款系该单位伪造，经给其释明法律利害关系，但其并未向法院申请司法鉴定，放弃了自己的权利，应自行承担相应的法律后果。在该《2011 年全员奖金体制方案》有孔某本人签字，且其认可系本人签字的情况下，原审认定孔某与某美力公司签订《2011 年全员奖金体制方案》的事实属实，系双方当事人意思自治的表现，孔某与某美力公司双方均应遵守该《2011 年全员奖金体制方案》中的约定。在一审审理中，某美力公司已举证孔某代表某某卡贸易（上海）有限公司向某美力公司发出两份邮件，内容为：孔某代表某某卡贸易（上海）有限公司提交该公司收款账号及要求某美力公司提交销售季度预报表，以及陕西某好运动体育设施有限公司等 6 家公司出具的业务往来说明、征询函、证明及视听资料一份，证明孔某自 2013 年 7 月起多次代表某某卡贸易（上海）有限公司与某美力公司的客户洽谈业务。再结合孔某在二审询问中自认其在 2013 年 8 月 19 日向某美力公司递交辞职申请的事实，可见孔某在与某美力公司没有依法解除劳动关系的情况下，就代表某某卡公司与某美力公司的客户洽谈业务，违反了与某美力公司签订《2001 年全员奖金体制方案》中的约定，孔某应承担相应的违约责任。原审判决在考虑某美力公司要求支付 100 万元违约金显失公平的情况下予以酌情变更，并无不当，法院依法予以维持。

补充说明

1. 若劳动合同中所约定的竞业限制条款及违约金在符合法律规定的前提下（包括但不限于：用人单位规章制度制定程序合法且依法向劳动者公示告知，签订竞业限制条款及违约责任需双方自愿协商一致，权利义务需对等，且为劳动者的真实意思表示，并且劳动者应符合法定的竞业限制及保密人员的范围等），用人单位可以主张劳动者违反竞业限制义务的违约金。

2. 两个案例中，法院都支持了若劳动者在职期间违反竞业限制条款，开设与用人单位存在竞争的公司或开展同类经营业务，劳动者需支付违约金的诉讼请求，但违约金的数额必须合理，若原协议中约定畸高，法院会酌情调整。调整时会考虑以下情形：公司的成立期限、经营状况，劳动者的年收入，以及竞业禁止补偿金的约定数额和领取情况。

地域：重庆市

文件名称/案例名称一

谢某杰与重庆某商务有限公司竞业限制纠纷二审民事判决书

主要内容/观点

某商务公司与谢某杰签订的《劳动合同书》约定了谢某杰具有保守某商务公司商业秘密的义务，并不得有针对某商务公司的竞争行为，该约定属于竞业限制的范畴，谢某杰应当履行竞业限制的义务。谢某杰在《劳动合同书》履行期间，出资设立某公司，并担任某公司的法定代表人，某公司与某商务公司的经营范围部分相同，某公司在其网页上使用某商务公司的产品图片，据此可以认定谢某杰的行为违反了竞业限制的约定。

《劳动合同法》第二十三条规定，用人单位与劳动者可以在劳动合同中约定保守用人单位的商业秘密和与知识产权相关的保密事项。对负有保密义务的劳动者，用人单位可以在劳动合同或者保密协议中与劳动者约定竞业限制条款，并约定在解除或者终止劳动合同后，在竞业限制期限内按月给予劳动者经济补偿。劳动者违反竞业限制约定的，应当按照约定向用人单位支付违约金。

《解除劳动合同协议》中约定，谢某杰承诺在职期间不自营或者为第三方经营与甲方同类的行业或者产品，如有违反自愿一周内支付某商务公司50万元作为赔偿。谢某杰没有举示证据证明其在签订《解除劳动合同协议》时遭受胁迫，故可以认定该约定是双方当事人的真实意思表示。因该约定并不违反法律法规的强制性规定，应属合法有效。

《解除劳动合同协议》约定："乙方如有违反以上任意一项承诺，自愿一周内向甲方支付人民币50万元正作为赔偿，甲方有进一步追究乙方责任和要求进一步赔偿的权力。"谢某杰代理人在一审代理词中明确陈述"其违约金条款也当然归于无效"，表明其认可前述条款系违约金条款。故原判认定《解除劳动合同协议》中所称赔偿为违约金并无不当。谢某杰在二审诉讼中上诉认为《解除劳动合同协议》中前述约定性质上不属于违约金，该上诉理由与其在一审诉讼中的自认相悖，法院对其在二审中改变了的理由不予采纳。

文件名称/案例名称二

重庆某图文制作有限公司与逯某贵劳动争议二审民事判决书

主要内容/观点

根据本案已经查明的事实，逯某贵与图文制作公司的劳动关系于 2015 年 12 月 25 日解除，而逯某贵于 2015 年 12 月 30 日成立第三方图文公司并任法定代表人，且双方均认可逯某贵成立的第三方图文公司与图文制作公司的经营范围一致。由此，可以认定逯某贵违反了《员工手册》第四十九条的规定，图文制作公司依据该规定主张 20 万元违约金，具备事实基础和法律依据，法院予以支持。

文件名称/案例名称三

某科技（重庆）有限公司与陈某劳动合同纠纷二审民事判决书

主要内容/观点

本案系劳动合同竞业禁止条款效力及履行引发的纠纷。《劳动合同法》第二十三条规定，“对负有保密义务的劳动者，用人单位可以在劳动合同或者保密协议中与劳动者约定竞业限制条款，并约定在解除或者终止劳动合同后，在竞业限制期限内按月给予劳动者经济补偿。劳动者违反竞业限制约定的，应当按照约定向用人单位支付违约金”。本案中，公司与陈某签订的《劳动合同书》《员工保密承诺书》《非竞争及工作成果协议》等书证明确约定陈某的保密义务和竞业限制义务，而陈某在《道歉信》中承认其在职期间“私自在公司的网站上添加了自己建立的某网站相关游戏增值产品的锚文字链接和产品宣传新闻，私自在公司博客上挂了某网站相关游戏增值服务产品的锚文字链接，私自使用公司邮件营销系统向公司客户发送网站导购邮件及促销邮件”，其相关行为已违反前述竞业限制义务，应按照劳动合同约定承担相应违约损害赔偿责任。

地域：湖北省

文件名称/案例名称一

武汉某医疗美容医院有限公司与杨某卓劳动争议一审民事判决书

主要内容/观点

某美容公司与杨某卓签订的《劳动合同》及《保密与竞业限制协议》均系双方真实意思表示、未违反法律、行政法规强制性规定，合法有效，对双方均有约束力，各方应按照上述约定全面履行自己的义务。当事人一方不履行合同义务或者履行合同义务不符合约定的，应当承担继续履行、采取补救措施或者赔偿损失等违约责任。杨某卓在与某美容公司劳动关系存续期间，私自到同业美容门诊部工作的违反禁业限制义务的行为也为人民法院发生法律效力的裁判所确认，某美容公司据此要求杨某卓承担违约责任的诉讼请求，于法有据，法院予以支持。

文件名称/案例名称二

武汉某会计咨询服务有限公司麻城分公司与涂某莉劳动争议二审民事判决书

主要内容/观点

本案中武汉某会计咨询服务有限公司麻城分公司与涂某莉签订《员工保密协议》里第四条第二款约定“乙方在职期间禁止从事一切可能侵犯商业秘密和与公司业务相同的兼职活动”。该条款是要求员工不能从事某些兼职活动的竞业限制条款，涂某莉在职期间注册成立了麻城市某会计咨询有限公司，该公司的业务范围是会计咨询服务、税务咨询服务、企业管理咨询服务，记账代理，而武汉某会计咨询服务有限公司麻城分公司业务范围为会计咨询服务，企业事务代理，税务咨询、企业管理咨询，二者的职能基本相同，涂某莉成立公司的行为违反了《员工保密协议》第四条第二款约定。《劳动合同法》第二十四条：“竞业限制的人员限于用人单位的高级管理人员、高级技术人员和其他负有保密义务的人员。竞业限制的范围、地域、期限由用人单位与劳动者约定，竞业限制的约定不得违反法律、法规的规定。”因涂某莉只是武汉某会计咨询服务有限公司麻城分公司一名普通的授课讲师，不是高级管理人员，也不是高级技术人员和负有保密义务人员，依照上述法律规定，尽管涂某莉违反了《员工保密协议》约定，但该《员工保密协议》对涂某莉没有约束力，故其不应支付违约金10000元。

补充说明

从本案例来看，法院认为在职竞业限制是有效的，但是对不属于高级管理人员的本案员工不适用而已，若该员工属于高级管理人员就适用。

地域：山西省

文件名称/案例名称一

山西某实业集团股份有限公司与王某、张某合同纠纷一审民事判决书

主要内容/观点

《山西某实业集团骨干员工竞业限制合同》中约定被告王某违反合同中竞业限制条款应支付原告违约金300000元，被告王某在合同履行过程中擅自撤离带走合同研发项目的所有相关资料，另行设立公司继续使用，构成违约，应承担违约责任。故对于原告要求被告王某赔偿违反竞业限制约定的违约金300000元的诉请，法院予以支持。

文件名称/案例名称二

原告山西某正艺印务有限公司与被告李某劳动争议纠纷一案民事判决

主要内容/观点

双方虽未约定因竞业限制应付的经济补偿金，但双方在合同中约定赔偿公司培训经济损失2000000元即涵盖了竞业限制应赔偿的内容，合同中同时又约定了违约金500000元，两项均为违约责任承担的方式，原告按违约金一并主张，并无不妥，应予准许。被告李某在约定的劳动合同期间自行开办公司，从事与某正艺印务有限公司相竞争的业务，应当承担违约责任。订立劳动合同，应当遵循公平原则，双方约定的违约金过高，甚至超过了原告主张的某正艺印务有限公司的利润总额，违反了公平原则，应对原、被告约定的2500000元酌情予以调整，以500000元为宜。对其要求李某赔偿损失的诉讼请求，本院不予支持。

补充说明

订立劳动合同，应当遵循公平原则，双方约定的违约金过高违反了公平原则，法院会酌情予以调整。

地域：云南省

文件名称/案例名称一

昆明某科技有限公司与张某某违反竞业限制纠纷案

主要内容/观点

双方在《保密协议》中约定了罚金，法院认为结合整个合同的约定可以确认上述“罚金”的性质实为违约金。

上诉人与被上诉人签订过《保密协议》，约定被上诉人在聘用期内及解除聘用期后两年内须对上诉人的商业秘密、技术秘密、客户资料等相关信息进行保密；解除聘用合同后，被上诉人不得以任何方式转移、拷贝、盗取上诉人的科研成果、源代码、技术方案等，更不能以此获取利益，若在与上诉人生产同类且有竞争关系的产品的其他企业内就职的，不得采用与上诉人相同技术或方案进行生产，更不得直接应用上诉人的技术成果、源代码等。由上述约定可看出，在双方劳动关系解除后，上诉人并未禁止被上诉人到与上诉人有竞争关系的企业就职，即双方并无竞业限制约定，即不存在被上诉人违反竞业限制约定的前提。在此情况之下，双方约定违约金不符合《劳动合同法》第二十五条之规定，即无约定违约金之法律条件。

文件名称/案例名称二

云南某开发有限公司与唐某某劳动争议案

主要内容/观点

劳动法规定的竞业限制及兼职，《公司法》仅对国有的公司高管做了规定，对其他公司并没有做禁止性的规定，仅规定了在合同中按双方事先约定的原则，非明令禁止的行为，因此竞业限制实际是后合同义务，唐某某在原其他公司任职的行为如违反竞业限制，应由成都某公司向唐某某主张权利，或者有证据证明唐某某在云南某开发有限公司任职期间有损害公司利益的行为，可以另行起诉追究其责任。现云南某开发有限公司仅以唐某某曾经在其他公司任职，认为违反竞业限制不支付经济补偿依据不足。

地域：西藏自治区

文件名称/案例名称

西藏某信息咨询有限公司与谭某劳动争议纠纷二审民事判决书

主要内容/观点

《劳动合同法》第二十四规定：“竞业限制的人员限于用人单位的高级管理人员、高级技术人员和其他负有保密义务的人员……”根据双方签订的《劳动合同》第十八条第二款约定的“乙方（谭某）不得向第三方倒卖、泄露公司数据”的内容以及结合被上诉人谭某在西藏某信息咨询有限公司任商情报改版部负责人职务的事实，可以认定被上诉人谭某在西藏某信息咨询有限公司是负有保密义务的工作人员，属于《劳动合同法》规定的竞业限制人员的范畴。且被上诉人谭某为完全民事行为能力，完全能够辨认自己的行为会产生怎样的后果。因此，被上诉人谭某提出的其并非公司的高级管理人员，竞业限制条款无效的理由不能成立，法院不予采纳。

地域：山东省

文件名称/案例名称一

山东某电力设备有限公司与李某劳动争议一审民事判决书

主要内容/观点

公司与员工签订的《劳动合同》及《竞业限制协议》系双方真实意思表示，合法有效，应受法律保护，双方均应遵守该协议中约定的义务。李某在电力设备公司任职期间，投资成立了山东某电力技术有限公司，该公司的经营范围与电力设备公司的经营范围部分相同，其行为违反了双方签订的《竞业限制协议》约定，应承担违约责任。电力设备公司要求李某按照协议约定支付竞业限制违约金符合合同约定，且不违反法律规定，法院予以支持。

补充说明

检索案例中，李某系某电力设备有限公司的销售总监，其掌握了公司的客户信息和销售渠道等保密信息。李某自营该业务或者泄露该保密信息可能给某电力设备公司带来重大利益损失，因此某电力设备公司与其签订竞业禁止协议是合理的，同时竞业禁止协议中的相关约定违反劳动法律法规的禁止性规定，李某违反该竞业禁止约定在在职期间开设与某电力设备公司存在业务竞争的公司，显然应负违约责任。

文件名称/案例名称二

王某与济南某生物技术有限公司劳动争议二审民事判决书

主要内容/观点

《劳动合同法》第二十三条规定："用人单位与劳动者可以在劳动合同中约定保守用人单位的商业秘密和与知识产权相关的保密事项。对负有保密义务的劳动者，用人单位可以在劳动合同或者保密协议中与劳动者约定竞业限制条款，并约定在解除或者终止劳动合同后，在竞业限制期限内按月给予劳动者经济补偿。劳动者违反竞业限制约定的，应当按照约定向用人单位支付违约金。"第二十四条规定："竞业限制的人员限于用人单位的高级管理人员、高级技术人员和其他负有保密义务的人员。竞业限制的范围、地域、期限由用人单位与劳动者约定，竞业限制的约定不得违反法律、法规的规定。在解除或者终止劳动合同后，前款规定的人员到与本单位生产或者经营同类产品、从事同类业务的有竞争关系的其他用人单位，或者自己开业生产或者经营同类产品、从事同类业务的竞业限制期限，不得超过二年。"《最高人民法院关于审理劳动争议案件适用法律若干问题的解释（四）》第七条规定："当事人在劳动合同或者保密协议中约定了竞业限制和经济补偿，当事人解除劳动合同时，除另有约定外，用人单位要求劳动者履行竞业限制义务，或者劳动者履行了竞业限制义务后要求用人单位支付经济补偿的，人民法院应予支持。"本案中，双方对王某离职前为某生物公司某某店的店长，双方之间签订的劳动合同中包含竞业限制条款的约定均无异议。王某离职后开办某会所经营与某生物公司同类产品的事实已为某生物公司提交的"王某名片、微信记录、光盘视频"所证实，可以确认。现王某以某生物公司不存在可予以保护的商业秘密及王某不属于法律规定的应当接受竞业限制的人员的范围为由主张双方之间合同中竞业限制的条款无效及王某不应当履行竞业限制义务，无事实及法律依据，一审判决对其请求不予支持并无不当。

补充说明

用人单位与劳动者签订的竞业禁止协议不违反劳动法律法规的规定，劳动者在竞业禁止期间违反竞业禁止约定条款的应当向用人单位支付竞业限制违约金。

地域：安徽省

文件名称/案例名称

某涂料（黄山）有限公司与姚某竞业限制纠纷二审民事判决书

主要内容/观点

某涂料公司与姚某在劳动合同以及相关协议中约定劳动者在职期间以及离职后 2 年内应保守用人单位的商业秘密，劳动者在职期间及离职后 2 年内不得任职于或直接或间接服务于生产或经营同类产品或从事同类业务的其他公司或自己在国内开业生产或经营同类业务，该约定不违反法律规定。作为合同一方的姚某应当遵守该约定。姚某主张其未生产销售同类产品，但其在某涂料公司任职期间曾同时是上海某公司的股东，且在该公司任监事，举重以明轻，原审认定姚某违反了竞业限制义务，构成违约是正确的。在职期间竞业限制义务的承担不以离职后用人单位支付竞业限制补偿金为条件，姚某在职期间未履行竞业限制义务。

补充说明

案例中，某涂料公司与姚某在保密与竞业限制协议以及劳动合同书中，明确约定了姚某在职期间的保密义务和竞业限制义务，姚某于在职期间，和他人共同投资设立了上海某公司，该企业生产销售的产品与某涂料公司生产销售的产品属于同类产品，姚某的该行为明显违反了保密与竞业限制协议及劳动合同书的约定，构成违约，依法应当承担违约责任。

地域：天津市

文件名称/案例名称

《天津市贯彻落实劳动合同法若干问题实施细则》

主要内容/观点

第九条　用人单位在劳动合同或者保密协议中与劳动者约定竞业限制条款的，在约定违约金和经济补偿时应遵循公平、公正、适量、对等的原则。用人单位向劳动者支付竞业限制经济补偿的，应当在劳动合同解除或者终止后支付。

地域：江苏省

文件名称/案例名称

原告陶某某与被告扬州市某包装有限公司（以下简称某包装公司）劳动争议纠纷一案

主要内容/观点

陶某某在某包装公司工作期间担任电器自控组组长，其作为公司的高级技术管理人员，掌握公司的商业秘密，对公司应尽忠实义务，但陶某某在履职期间，组织人员生产与某包装公司的产品构成原理一样，产品形状相类似的包装机，并且对外销售，给公司造成经济损失，已经违反了双方聘用协议中关于在职期间竞业限制以及保守技术秘密和商业秘密的约定，亦违背了其对公司的忠实义务。根据《劳动合同法》第二十三条第二款规定，劳动者违反竞业限制约定的，应当按照约定向用人单位支付违约金，故陶某某应当按聘用协议向某包装公司支付违约金。

补充说明

《劳动合同法》第二十二条规定：用人单位为劳动者提供专项培训费用，对其进行专业技术培训的，可以与该劳动者订立协议，约定服务期。劳动者违反服务期约定的，应当按照约定向用人单位支付违约金。违约金的数额不得超过用人单位提供的培训费用。用人单位要求劳动者支付的违约金不得超过服务期尚未履行部分所应分摊的培训费用。第二十三条规定：用人单位与劳动者可以在劳动合同中约定保守用人单位的商业秘密和与知识产权相关的保密事项。对负有保密义务的劳动者，用人单位可以在劳动合同或者保密协议中与劳动者约定竞业限制条款，并约定在解除或者终止劳动合同后，在竞业限制期限内按月给予劳动者经济补偿。劳动者违反竞业限制约定的，应当按照约定向用人单位支付违约金。同时该法第二十五条规定，除本法第二十二条和第二十三条规定的情形外，用人单位不得与劳动者约定由劳动者承担违约金。如果保密协议中约定了竞业限制条款，则可以约定违约金，如果未约定竞业限制条款，则不能约定违约金，用人单位只能通过侵权之诉来追究劳动者因违法保密义务给用人单位造成的损失责任。

难点十

女员工产假期间的工资待遇是否应包括绩效工资及奖金部分？

针对“女职工产假期间的工资待遇是否应包括绩效工资及奖金部分”的问题，本所律师通过检索发现，全国各地区法院对该问题的观点基本一致，即女员工产假期间的工资待遇应包括绩效工资及奖金。

《女职工劳动保护特别规定》第五条规定，用人单位不得因女职工怀孕、生育、哺乳降低其工资、予以辞退、与其解除劳动或者聘用合同。《关于贯彻执行〈中华人民共和国劳动法〉若干问题的意见》第五十三条规定，劳动法中的工资是指用人单位依据国家有关规定或劳动合同的约定，以货币形式直接支付给本单位劳动者的劳动报酬，一般包括计时工资、计件工资、奖金、津贴和补贴、延长工作时间的工资报酬以及特殊情况下支付的工资等。根据上述规定，女员工产假期间的工资待遇包括绩效工资及奖金，且不能降低。上海、四川、重庆、湖北、山西等全国大部分省市都制定了符合本地区实际情况的生育政策文件，其中均明确规定女职工产假期间工资不得降低。同时，我国各地法院在审理产假待遇、生育津贴等类似案件时，往往会将女职工产假前的实发工资标准作为女职工产假期间的工资标准，产假前的实发工资就包括了绩效工资和奖金。

地域：四川省

文件名称/案例名称

四川某信息技术股份有限公司与罗某劳动争议二审民事判决书

主要内容/观点

劳动部关于印发《关于贯彻执行〈中华人民共和国劳动法〉若干问题的意见》第五十三条规定：“劳动法中的工资是指用人单位依据国家有关规定或劳

动合同的约定，以货币形式直接支付给本单位劳动者的劳动报酬，一般包括计时工资、计件工资、奖金、津贴和补贴、延长工作时间的工资报酬以及特殊情况下支付的工资等。工资是劳动者劳动收入的主要组成部分。”《女职工保护特别规定》第五条以及《四川省人口与计划生育条例》第二十六条规定：“……生育假、护理假视为出勤，工资福利待遇不变。”根据上述规定，一审法院将双方确认的罗某产假前从2014年7月份到2015年6月份的12个月的平均工资5862元/月作为确定罗某产假期间工资数额的标准，扣除四川某信息技术股份有限公司已支付罗某的4643.98元后，认定四川某信息技术股份有限公司还应向罗某支付产假工资20151.62元并无不当。四川某信息技术股份有限公司关于应按照双方劳动合同约定的基本工资1500元作为罗某产假期间工资支付标准的主张无法律依据，法院不予采纳。

地域：北京市

文件名称/案例名称

《北京市高级人民法院、北京市劳动人事争议仲裁委员会关于审理劳动争议案件法律适用问题的解答》

主要内容/观点

第二十一条　用人单位给付劳动者的工资标准计算基数按哪些原则确定？

（1）劳动者每月应得工资与实得工资的主要差别在于各类扣款和费用，应得工资包括个人应当承担的社会保险金、税费等。对于社会保险金、税费，用人单位承担的仅是代缴义务，劳动者的纳税由税务机关负责，社会保险金的缴纳由社会保险机构负责，审理中一般按照劳动者应得工资确定工资标准。

（2）用人单位与劳动者在劳动合同中约定了工资标准的，以该约定为准。劳动合同没有约定的，工资标准按照集体合同约定确定。劳动合同、集体合同均未约定的，标准工资按照劳动者本人正常劳动实际发放的工资确定。依照本款确定的工资标准不得低于本市规定的最低工资标准。

（3）计算“二倍工资”的工资标准时，因基本工资、岗位工资、职务工资、工龄工资、级别工资等按月支付的工资组成项目具有连续性、稳定性等特征，金额相对固定，属于劳动者正常劳动的应得工资，应作为未订立劳动合同二倍工资差额的计算基数，不固定发放的提成工资、奖金等一般不作为未订立劳动合同二倍工资差额的计算基数。

补充说明

综合上述规定的精神，需审核劳动合同约定的工资和实际发放的工资结构和标准。

地域：广东省

文件名称/案例名称

刘某与广州某汽车公司劳动争议一审民事判决书

主要内容/观点

根据《广东省女职工劳动保护实施办法》第五条的有关规定，产假期间照发工资，不影响原有福利待遇和全勤奖。《广东省工资支付条例》第十九条也明确规定，劳动者依法享受法定休假日、产假等假期期间，用人单位应当视同其正常劳动并支付正常工作时间的工资。因此，刘某在产假期间的工资、福利待遇和全勤奖等应保持不变。

地域：福建省

文件名称/案例名称

张某与福建某动画公司劳动争议一审民事判决书

主要内容/观点

被告公司通过绩效的方式对员工进行管理，属于用人单位的管理职权。被告提交的考勤表，其在1～4月仅两次迟到10分钟以内，并已被扣相应款项。故对于绩效，应保障孕期女职工工资待遇不得减少。被告并未提交可扣发绩效工资的相关证据，故被告应补足原告2017年1～4月的绩效工资。

地域：湖南省

文件名称/案例名称一

唐某与某县中医医院生育保险待遇纠纷案

主要内容/观点

《中华人民共和国立法法》第七十九条有“法律的效力高于行政法规，地方性法规、规章”的规定，《中华人民共和国社会保险法》（以下简称《社会保险法》）和《女职工劳动保护特别规定》并没有《湖南省城镇职工生育保险办法》中生育津贴“低于本人工资标准的，由单位补足”之规定，而《劳动法》第七十三条规定：劳动者享受社会保险待遇的条件和标准由法律法规规定。因此，法院在审理生育保险待遇纠纷时首先应当适用《社会保险法》和《女职工劳动保护特别规定》的相关规定。被告某县中医医院系事业单位，实行岗位绩效工资制度，绩效工资主要体现在工作人员的工作业绩和实际贡献中。国家对绩效工资进行总量控制，事业单位在核定的绩效总量内享有分配自主权，使绩效工资与职工表现、业绩相联系，合理拉开差距，调动职工的积极性。绩效工资又分基础性绩效工资和奖励性绩效工资。被告在原告产假期间给原告发放了基础性绩效工资，而未发放奖励性绩效工资不违反国家的上述政策，故对被告辩称的原告在增加的 60 天产假期间不应享受奖励性绩效工资，法院予以支持。

补充说明

在国家法定产假基础上，湖南省增加产假 60 天，但增加的产假部分的生育津贴社保部门不承担。而是由用人单位承担。用人单位承担期间，女职工的工资待遇只包含基础性绩效，奖励性绩效工资不予发放。

文件名称/案例名称二

上诉人何某与被上诉人长沙某房地产公司劳动争议案

主要内容/观点

长沙某房地产公司已为何某缴纳生育保险费，生育津贴由生育保险基金支付，经长沙市开福区医疗保险管理服务中心核定的由生育保险基金支付的生育津贴为 8268 元。根据《湖南省城镇职工生育保险办法》第十条“用人单位的女职工在职期间生育和妊娠，在下列产假期间内，由发放工资变更为享受生育津贴……女职工每天生育津贴标准为上年度本单位职工月平均工资除以 30 天之商；低于本人工资标准的，有单位补足”的规定，按本人工资标准，产假期间何某应得的工资为 23353.33 元，长沙某房地产公司应补足 15085.33 元。

补充说明

案件中未明确劳动者何某每月的工资组成方式，但判决是以劳动者每月实际发放的工资为计算依据。

地域：上海市

文件名称/案例名称

《上海市劳动局关于本市企业女职工生育期间工资支付的解释口径的通知》

主要内容/观点

为进一步实施《上海市实施办法》和《上海市女职工劳动保护办法》，保障女职工在生育期间的待遇，现对女职工生育期间的工资支付规定解释如下：

第一条　女职工按《上海市女职工劳动保护办法》享受产假，产假期间工资不得低于其原工资性收入。

第二条　女职工按《上海市女职工劳动保护办法》享受两个半月产前假和六个半月哺乳假的，其间的工资不得低于其原工资性收入的80%。

第三条　本文所称原工资性收入指女职工请产前假或请产假前正常出勤月的，企业根据国家和本市的规定以及劳动合同的约定，以各种形式支付给劳动者的报酬，即列入工资总额统计的全部工资收入。

地域：贵州省

文件名称/案例名称一

深圳某金融公司与李某劳动争议二审民事判决书

主要内容/观点

根据《女职工劳动保护特别规定》第八条规定："女职工产假期间的生育津贴，对已经参加生育保险的，按照用人单位上年度职工月平均工资的标准由生育保险基金支付；对未参加生育保险的，按照女职工产假前工资的标准由用人单位支付。"深圳某金融公司与李某解除劳动关系后，停止为李某缴纳社会保险，导致李某不能享受生育津贴，李某主张深圳某金融公司应当按照上述规定按李某产假前工资标准支付李某产假期间的工资的主张符合法律规定，法院予以支持。李某正常工作期间的每月工资由基本工资+绩效组成，根据李某提交的工资银行流水，李某产假前每月领取的工资折合为 5869.93 元/月。李某享受的婚假包含 2 天的休息日，2017 年 7 月 20 日至 12 月 24 日共计 158 天的产假包含 46 天的休息日，上述期间依法不计劳动报酬，故深圳某金融公司应向李某支付的产假工资计算为：5869.93 元/月÷21.75 天×（10 天－2 天+158 天－46 天）＝32385.82 元。一审判决计算婚假、产假工资的数额有误，法院予以纠正。

文件名称/案例名称二

遵义某房地产公司与李某劳动争议二审民事判决书

主要内容/观点

根据《女职工劳动保护特别规定》第五条关于“用人单位不得因女职工怀孕、生育、哺乳降低其工资、予以辞退、与其解除劳动或者聘用合同”之规定，被上诉人李某在怀孕、生育、哺乳期间，上诉人应当足额发放被上诉人的工资，双方对被上诉人实际获得工资高于劳动合同书约定金额没有异议。从被上诉人提供的证据来看，其银行明细可见以工资名义入账的金额每月几乎均在 10000 元左右，另一笔入账从上诉人在借款当日出具给被上诉人的收款收据载明内容来看也是工资转借款，上述事实与被上诉人所述相互吻合。上诉人认为被上诉人实际获得的工资包含绩效工资，一方面上诉人没有提供任何证据证明；另一方面，被上诉人系上诉人聘用的公司高层管理人员，如李某每月基本工资仅为 1250 元，尚不足遵义市 2015 年职工月平均工资标准，显然与其担任的职务不符，也与常理不符。同时，上述规定明确了用人单位不得降低女职工工资。因此，上诉人认为被上诉人工资只有 1250 元不符合本案客观事实，该上诉理由法院不予采纳。

地域：陕西省

文件名称/案例名称一

上海某旺商贸有限公司西安分公司与王某劳动争议二审民事判决书

主要内容/观点

上海某旺西安分公司称王某产假前，从固定工资 4500 元中扣除社保费用后可得工资 3146.19 元，王某的固定工资未发生变化，因产假期间未提供劳动，不能产生绩效工资，王某的工资总额发生变化，并非用人单位克扣王某产假工资，但即便是王某产假期间没有绩效工资，仅核查固定工资，王某产假期间所得工资 8795.54 元也明显低于王某应得的固定工资数额，这违反了用人单位不得因女职工怀孕、生育降低女职工工资的规定。故上海某旺西安分公司的主张不能成立，应依法支付王某产假工资差额。王某要求上海某旺西安分公司支付产假工资差额 10000 元，理由成立。

文件名称/案例名称二

胡某某与陕西某峰建筑劳务有限责任公司劳动争议一审民事判决书

主要内容/观点

朱某某在 2017 年的月平均工资为 7137.4 元。根据《陕西省人口与计划生育条例》第四十八条第四款“职工在婚假、产假、护理假期间按出勤对待，享受相应的工资、福利待遇”的规定，法院按 7137.4 元/月计算 173 天的产假工资。

补充说明

从搜索出的案例来看，产假期间的工资即便考虑工资组成，其支付的实际数额也不得低于固定发放的工资，不得低于未休产假前的月工资或者平均工资。尤其在用人单位无法提供产假期间月工资标准的证据的情况下，法院会综合考虑未休产假前的实际工资收入，保证产假期间的工资不低于产假前的实际工资收入。

地域：重庆市

文件名称/案例名称一

《重庆市人口与计划生育条例》

主要内容/观点

第二十六条第二款　符合法律法规规定生育的女职工，在国家规定产假的基础上增加产假三十日。产假期间享受在岗职工同等待遇。

文件名称/案例名称二

《重庆市职工生育保险暂行办法》

主要内容/观点

第二十一条第二款　未按本办法规定参加生育保险，导致职工不能在生育保险基金中享受生育保险待遇的，由用人单位按照本办法规定的标准予以支付。

地域：湖北省

文件名称/案例名称

《湖北省人口与计划生育条例》

主要内容/观点

第三十三条　对符合法律法规规定生育的妇女，除享受国家规定的产假外，增加产假 30 天，其配偶享受 15 天护理假；产假和护理假视同出勤，工资、奖金照发。

地域：山西省

文件名称/案例名称一

《山西省城镇职工生育保险办法》

主要内容/观点

第十一条　生育津贴按照女职工所在用人单位上年度职工月平均工资除以 30 天再乘以生育津贴计发天数计发。生育津贴高于本人工资标准的，全额计发；低于本人工资标准的，由用人单位补足。

文件名称/案例名称二

《山西省人口和计划生育条例》

主要内容/观点

第二十五条　依法办理结婚登记的夫妻可以享受婚假 30 日；符合本条例

规定生育子女的，女方在享受国家和本省规定产假的基础上，奖励延长产假六十日，男方享受护理假十五日。婚假、产假、护理假期间，享受与在岗人员同等的待遇。

文件名称/案例名称三

山西某职业技术学院与刘某劳动争议二审民事判决书

主要内容/观点

产假期间，视为被告刘某提供了正常劳动，原告某职业学院不应在被告休产假期间降低工资，原告应当按照劳动合同约定的工资支付被告产假期间的工资。

地域：云南省

文件名称/案例名称一

《云南省人民政府办公厅关于印发云南省职工生育保险办法的通知》云政办发〔2011〕121号

主要内容/观点

第十一条　职工生育保险待遇项目包括：（一）生育或者计划生育假期的生活津贴；（二）生育或者计划生育的医疗费；（三）生育营养补助费；（四）法律、法规规定的其他项目。

第十二条　职工领取生育或者计划生育假期的生活津贴的标准，以所在用人单位上年度职工月平均工资和本办法第十三条规定的假期天数为实际计发数，计算公式为：实际计发数=月平均工资（元）÷30（天）×假期天数。

文件名称/案例名称二

《云南省劳动厅关于进一步加强社会保险缴费基数核定和稽核工作的通知》云劳社发〔2005〕6号

主要内容/观点

第一条　工资总额由计时工资、计件工资、奖金、津贴和补贴、加班加点工资、其他工资六个部分组成。计时工资：根据国家法律、法规和政策规定，因病、工伤、产假、计划生育假、婚丧假、事假、探亲假、定期休假、停工学习、执行国家或社会义务等原因按计时工资标准或计时工资标准的一定比例支付的工资。奖金是指支付给职工的超额劳动报酬和增收节支的劳动报酬，包括：（一）生产（业务）奖。具体有超产奖、质量奖、安全（无事故）奖、考核各项经济指标的综合奖，提前竣工奖、外轮速遣奖、年终奖（劳动分红）等。……

文件名称/案例名称三

云南某电子商务有限公司范某某劳动争议案

主要内容/观点

范某某休产假工资未正常发放，但从工资表记载的内容来看，其每月基本工资 1600 元、绩效工资 4200 元基本固定，2016 年工龄工资为 100 元，2017 年工龄工资为 200 元。法院推定若工资正常发放则 2016 年 10～12 月每月应发工资应为 5900 元，2017 年 1～3 月每月应发工资应为 6000 元。

补充说明

从法院裁判中可以看出，产假期间的工资包括了绩效工资。

地域：西藏自治区

文件名称/案例名称

中铁某局集团铁路养护工程有限公司与刘某劳动争议二审民事判决书

主要内容/观点

因中铁某局集团铁路养护工程有限公司已向刘某发放了其休产假期间的工资，法院依据《女职工劳动保护特别规定》第八条认定中铁某局集团铁路养护工程有限公司不应再向刘某支付生育津贴。

补充说明

无相关案例和文件对女员工产假期间的工资是否包括绩效工资和奖金予以明确说明。

地域：山东省

文件名称/案例名称

《山东省人口与计划生育条例》

主要内容/观点

第二十五条　符合法律和本条例规定生育子女的夫妻，除国家规定的产假外，增加产假六十日，并给予男方护理假七日。增加的产假、护理假，视为出勤，工资照发，福利待遇不变。

地域：安徽省

文件名称/案例名称

《安徽省人口与计划生育条例》

主要内容/观点

第三十七条　对符合本条例规定生育子女的夫妻，国家机关、社会团体、企业事业单位应当给予以下奖励：（一）女方在享受国家规定产假基础上，延长产假六十天。（二）男方享受十天护理假；夫妻异地生活的，护理假为二十天。职工在前款规定的产假、护理假期间，享受其在职在岗的工资、奖金、福利待遇。

补充说明

山东、安徽二省女员工产假期间的工资待遇包含绩效工资；安徽省在上述规定中明确规定产假期间享受奖金，因此安徽省女员工产假期间的工资待遇包含奖金部分；山东省在上述规定中未规定产假期间享受奖金，因此女员工产假期间的工资待遇不包含奖金部分。编者注：奖金属于用人单位内部的一种激励机制，用人单位可以根据其经营状况决定是否发放奖金以及如何发放奖金，此为用人单位的经营自主权的范畴。

地域：江苏省

文件名称/案例名称

曹某某与严某某、梁某劳动争议二审民事裁定书

主要内容/观点

《江苏省职工生育保险规定》规定，职工产假或者休假期间，享受的生育津贴低于其产假或者休假前工资的标准的，由用人单位予以补足；高于其产假或者休假前工资的标准的，用人单位不得截留。本案劳动合同有关劳动报酬的约定是，实行基本工资和绩效工资相结合的工资分配办法，基本工资 3000 元/月，年度不低于 15 万元整（含绩效工资考核及客户服务奖、信息保密协议等），绩效考核发放办法按公司依法制定的相关规定执行。《女职工劳动保护特别规定》第五条规定，用人单位不得因女职工怀孕、生育、哺乳降低其工资、予以辞退、与其解除劳动或者聘用合同。结合劳动合同的约定，《女职工劳动保护特别规定》的规定，曹某某生育前正常工作期间工资支付状况，以及 2014 年 7 月至 2015 年 10 月期间（扣除病假期间 2015 年 4 月至 7 月）的实发工资，法院计算曹某某的平均实发月工资为 10118.4 元，产假工资标准应为 10118.4 元/月，产假期间的工资为 47917 元。

难点十一

劳动者未按法定要求提前通知用人单位即离职，用人单位是否能向劳动者主张找人顶岗产生的损失？

《劳动合同法》第三十七条规定，劳动者提前三十日以书面形式通知用人单位，可以解除劳动合同。如果说劳动者在试用期内提前三日通知用人单位，可以解除劳动合同，那么，劳动者未按法定要求提前通知用人单位即离职，用人单位是否能向劳动者主张找人顶岗产生的损失？针对该问题，本所律师通过分析已检索到的公开案例，发现若劳动者未按法定要求提前通知用人单位即离职，我国大部分地区，主要包括四川、重庆、山西等省市的法院，支持用人单位向劳动者主张找人顶岗产生的损失，但用人单位应承担对实际损失的举证责任。

《劳动部办公厅关于劳动者解除劳动合同有关问题的复函》第二条规定："劳动者违反提前三十日以书面形式通知用人单位的规定，而要求解除劳动合同，用人单位可以不予办理。劳动者违法解除劳动合同而给原用人单位造成经济损失，应当依据有关法律、法规、规章的规定和劳动合同的约定承担赔偿责任。"另外，北京、天津、泸州等地的裁判指导意见、法律文件也将上述规定的观点予以明确，即劳动者未提前三十天通知用人单位，违法解除劳动合同的，应承担损失赔偿责任。由于某些岗位存在特殊性，对劳动者的专业能力要求较高，用人单位有权在劳动者做出辞职的意思表示的三十日内，要求劳动者正常工作或交接工作至其找到新的人力资源替代为止，劳动者未按照法定时限提前离开用人单位的，应当承担包括用人单位找人顶岗、未办理工作交接手续等的损失赔偿责任。

地域：四川省

文件名称/案例名称

许某与龙泉某英语培训学校劳动争议二审民事判决书

主要内容/观点

许某自 2017 年 9 月 30 日后未上班，致使培训学校调整四名老师接替其原有工作，并额外支付了劳动报酬。许某的行为属于擅自离职，违反了双方的劳动合同，且确为培训学校造成了实际损失。按照劳动合同的约定，许某应承担对该部分进行赔偿的责任。一审认定接替许某工作的四名老师在许某离职后一个月增加的收入总额即为培训学校在该期间内的实际损失（共计 1946.66 元）并无不当，法院予以确认。许某关于不支付损失的上诉请求没有事实依据，法院不予支持。

地域：泸州市

文件名称/案例名称

《泸州中院关于审理劳动争议纠纷案件若干疑难问题解答》

主要内容/观点

劳动者未经批准自行离职，如其不办理工作交接等附随义务，给用人单位造成损失的，应当承担相应的赔偿责任。

地域：北京市

文件名称/案例名称

《北京市高级人民法院、北京市劳动争议仲裁委员会关于劳动争议案件法律适用问题研讨会会议纪要（二）》

主要内容/观点

第四十条　劳动者未提前三十天（在试用期内提前三天）通知用人单位解除劳动合同，自行离职，或虽然履行通知义务，但有未履行的相关义务，如其应当履行的办理工作交接等义务，给用人单位造成直接经济损失的，应当承担相应的赔偿责任，对所造成的经济损失，用人单位负有举证责任。

地域：河北省

文件名称/案例名称

张某与河北某投资有限公司劳动争议案

主要内容/观点

劳动者未履行工作交接等义务，给用人单位造成经济损失的，应当承担相应的赔偿责任，对所造成的经济损失，用人单位负有举证责任。

地域：上海市

文件名称/案例名称

上海某贸易有限公司劳动合同纠纷上诉案

主要内容/观点

除《劳动合同法》第二十二条和第二十三条规定的情形外，用人单位不得与劳动者约定由劳动者承担违约金。对于第一项诉请，上海某贸易有限公司未能举证证明徐某的离职行为给某公司造成了实际损失，上海某贸易有限公司依据劳动合同中关于提前离职的违约责任条款要求徐某赔偿损失，于法无据，原审法院不予支持。同理，对于第二项诉请，上海某贸易有限公司依据劳动合同中的违约责任条款要求徐某赔偿损失，于法无据，原审法院不予支持。

地域：重庆市

文件名称/案例名称

重庆某商贸有限公司与周某劳动争议一审民事判决书

主要内容/观点

化妆品销售，需要售货员具备一定的业务知识，且重庆某商贸公司是销售专门品牌的产品，就地招用人员存在困难，故周某应当承担顶岗人员的往返交通费、住宿费（住宿费就低不就高），以及出差餐费补贴。时间以 30 日为限。

地域：山西省

文件名称/案例名称

山西长治某煤业有限公司诉王某、山西煤炭运销集团某煤业有限公司劳动争议纠纷一审民事判决书

主要内容/观点

被告王某服务期未届满离职，未提供充分证据证明其与原告合法解除劳动关系，应承担违约责任，被告王某应当向原告支付违约金，但违约金的数额不得超过服务期尚未履行部分所应分摊的培训费用。被告王某应当赔偿原告的损失项目及数额有：(1) 用人单位支付的培训费用 12841 元；(2) 生产、经营和工作造成的直接经济损失。原告未提供充分证据证明其确切损失，鉴于被告王某未提前 30 日通知用人单位，造成单位不能及时安排其他员工接替，法院酌情确定该损失以王某一个月的工资数额计算。

补充说明

本案中，法院根据《违反〈劳动法〉有关劳动合同规定的赔偿办法》第四条“劳动者违反规定或劳动合同的约定解除劳动合同，对用人单位造成损失的，劳动者应赔偿用人单位下列损失：(一) 用人单位招收录用其所支付的费用；(二) 用人单位为其支付的培训费用，双方另有约定的按约定办理；(三) 对生产、经营和工作造成的直接经济损失；(四) 劳动合同约定的其他赔偿费用”中 (二) 之规定，要求劳动者赔偿未提前 30 日通知用人单位，造成单位不能及时安排其他员工接替的损失。

地域：天津市

文件名称/案例名称

《天津市贯彻落实〈劳动合同法〉若干问题实施细则》

主要内容/观点

第十六条　劳动者提前三十日书面通知用人单位解除劳动合同，在解除前劳动合同应当继续履行。劳动者未依法与用人单位解除劳动合同，给用人单位造成损失的，应当承担赔偿责任。

难点十二

劳动者与用人单位约定不缴纳社保（含未足额缴纳）或员工自愿放弃缴纳社保后，以用人单位未依法缴社保为由解除劳动合同主张经济补偿金是否可以得到支持?

劳动者与用人单位约定不缴纳社保（含未足额缴纳）或员工自愿放弃缴纳社保后，以用人单位未依法缴社保为由解除劳动合同主张经济补偿金的请求是否可以得到支持？该问题在我国的司法实践中争议很大，甚至出现同一地区不同法院的裁判观点相左的情形。本所律师通过检索，总结出以下两种的观点：

第一，根据《劳动法》第七十二条“社会保险基金按照保险类型确定资金来源，逐步实行社会统筹。用人单位和劳动者必须依法参加社会保险，缴纳社会保险费”的规定，缴纳社会保险是用人单位的法定义务，即使用人单位与劳动者协商一致不缴纳社保，因该约定违反法律禁止性规定，应属无效，用人单位应当支付经济补偿金。目前，持有该观点的有北京、四川、福建、天津、云南、重庆等省市。另外，湖南、湖北等极少数省市的法院认为，用人单位与劳动者均存在一定的过错，应视双方的过错程度和案件的具体情况，酌情让用人单位支付经济补偿金。

第二，劳动者与用人单位约定不缴社保系双方的真实意思表示，劳动者作为完全民事行为能力人，应当清楚明白其意思表示带来的法律后果。劳动者以用人单位未缴纳社保为由，要求用人单位支付经济补偿金违背了诚实信用原则，其主张不能得到支持。持有该观点的为上海、河北、浙江、江苏等省市的法院。

地域：四川省

文件名称/案例名称

周某与成都市某纸业有限公司劳动合同纠纷一审民事判决书

主要内容/观点

周某在成都市某纸业有限公司就职期间，成都市某纸业有限公司并未为其缴纳社会保险费；成都市某纸业有限公司主张依据周某签名的《员工服务承诺书》和《申请》，周某系自愿、主动申请不缴纳社会保险费，成都市某纸业有限公司承担的社会保险费已经发放至周某工资中，成都市某纸业有限公司不应当承担任何责任。根据《劳动法》第七十条规定："国家发展社会保险事业，建立社会保险制度，设立社会保险基金，使劳动者在年老、患病、工伤、失业、生育等情况下获得帮助和补偿。"第七十二条规定："社会保险基金按照保险类型确定资金来源，逐步实行社会统筹。用人单位和劳动者必须依法参加社会保险，缴纳社会保险费。"上述规定系强制性规定，即用人单位为劳动者缴纳社会保险费是其法定义务，该义务不得因与劳动者协商或用人单位同意劳动者的申请而免除，劳动者与用人单位关于将社会保险费用发放至工资中的申请、承诺或约定因违反法律强制性规定，均属无效。因此，对成都市某纸业有限公司的抗辩意见，法院不予采纳。在成都市某纸业有限公司未为周某缴纳社会保险费的前提下，周某依照《劳动合同法》第三十八条、第四十六条之规定享有解除劳动合同并获得相应经济补偿的权利。《劳动合同法》第四十七条规定，经济补偿按劳动者在本单位工作的年限，每满一年支付一个月工资的标准向劳动者支付。六个月以上不满一年的，按一年计算；不满六个月的，向劳动者支付半个月工资的经济补偿。

地域：北京市

文件名称/案例名称

《北京市高级人民法院、北京市劳动人事争议仲裁委员会关于审理劳动争议案件法律适用问题的解答》

主要内容/观点

第二十五条　依法缴纳社会保险是《劳动法》规定的用人单位与劳动者的

法定义务，即便是因劳动者要求用人单位不为其缴纳社会保险，劳动者按照《劳动合同法》第三十八条的规定主张经济补偿的，仍应予支持。

地域：河北省

文件名称/案例名称

赵某与石家庄某塑胶制品公司劳动争议案

主要内容/观点

当事人对自己提出的诉讼请求所依据的事实或者反驳对方诉讼请求所依据的事实有责任提供证据加以证明。没有证据或者证据不足以证明当事人的事实主张的，由负有举证责任的当事人承担不利后果。本案中，双方所签劳动合同及劳动合同补充协议就社会保险的发放形式进行了约定，双方均加盖公章和签名，上诉人主张上述协议在非自愿平等基础上签订，亦未经双方协商，应为无效，但上诉人作为完全民事行为能力人应意识到签署上述协议的法律后果，且未举证证明签署上述协议存在欺诈、胁迫等情形，原审据此认定上述协议系双方的真实意思表示，而上诉人再以被上诉人未为其缴纳社会保险为由主张经济补偿金违背诚实信用原则，并据此判令被上诉人不支持上诉人经济补偿金，符合《中华人民共和国民法通则》（以下简称《民法通则》）第四条、《合同法》第六条、《中华人民共和国民事诉讼法》（以下简称《民事诉讼法》）第六十四条第一款之规定，并无不当。

地域：广东省

文件名称/案例名称一

《广东省高级人民法院、广东省劳动人事争议仲裁委员会关于审理劳动人事争议案件若干问题的座谈会纪要》

主要内容/观点

第二十五条　用人单位与劳动者约定无须办理社会保险手续或将社会保险费直接支付给劳动者，劳动者事后反悔并明确要求用人单位为其办理社会保险手续及缴纳社会保险费的，如用人单位在合理期限内拒不办理，劳动者以此为由解除劳动合同并请求用人单位支付经济补偿，应予支持。

文件名称/案例名称二

《深圳经济特区和谐劳动关系促进条例》

主要内容/观点

第十五条　用人单位和劳动者应当依法参加社会保险。用人单位未依法为劳动者缴纳社会保险费的，劳动者应当依法要求用人单位缴纳；用人单位未在一个月内按规定缴纳的，劳动者可以解除劳动合同，用人单位应当依法支付经济补偿。

地域：福建省

文件名称/案例名称

某竹木公司与周某劳动合同纠纷二审民事判决书

主要内容/观点

用人单位依法为劳动者办理社会保险手续并依法为其缴纳社会保险费的义务，并不因劳动者自愿放弃缴纳社会保险费而免除。故某竹木公司关于未缴纳社会保险费的责任在于劳动者的辩解，缺乏法律依据，法院不予采纳。虽然周某曾向某竹木公司承诺无需办理社会保险手续，但在周某事后反悔并明确要求公司为其缴纳社会保险费后，某竹木公司仅为周某补缴部分工作期间的社会保险费，至今未为周某补缴其他工作期间的社会保险费，违反了相关法律的强制性规定。

补充说明

本案中，上诉人虽辩称被上诉人主动放弃要求用人单位代缴社会保险费等权利，却未能合理解释在劳动者要求其继续履行代缴义务后，未足额为劳动者缴纳社会保险费等事实，故法院对其上诉理由不予采纳。

地域：湖南省

文件名称/案例名称一

官某与株洲某贸易公司劳动争议案

主要内容/观点

《劳动法》第七十二条规定“社会保险基金按照保险类型确定资金来源，逐步实行社会统筹。用人单位和劳动者必须依法参加社会保险，缴纳社会保险费。”可见缴纳社会保险是用人单位的法定义务，不因劳动者自愿放弃而免除。案中株洲某贸易公司虽与官某在签订劳动合同时就养老保险缴纳达成一致意见，但该内容违反了法律的强制性规定，系无效条款。株洲某贸易公司以社会保险系官某主动要求不予购买且双方就社会保险缴纳达成一致意见为由主张公司不应当承担赔偿损失，该主张于法无据，法院不予采纳。

补充说明

本案中，法院认为协商不缴纳社保属于违法行为，条款无效。本判决没有支持经济补偿金的理由是劳动者的辞职理由是因个人原因，而非用人单位未缴纳社保而辞职，故没有支持支付经济补偿金的请求。

文件名称/案例名称二

湖南某科技公司与龚某劳动争议案

主要内容/观点

湖南某科技公司与龚某之间签订的劳动合同合法有效，双方就社会保险费的缴纳签署格式书面声明违反《社会保险法》第十条、第二十三条、第三十三条、第四十条、第五十三条的强制性规定，属无效声明，对于被告的社会保险费缴纳问题应按行政程序予以纠正，原告的实际应发月平均工资不应当包含已发放的1100元社会保险费，该款应向社保部门缴纳，被告实际应发的月平均工资为7988元。2017年12月6日被告以计件工资发放明细不清楚、未为被告缴纳社会保险费为由单方面解除劳动合同，违反《劳动合同法》第三十八条第一款第三项、第四十六条第一项的规定，湖南某科技公司应当支付龚某经济补偿金19970元（7988×2.5）。

补充说明

违反法律强制性规定，协议无效，应支付经济补偿金。

文件名称/案例名称三

占某与某陶瓷公司劳动争议案

主要内容/观点

为职工参加社会保险是用人单位的法定义务，属于法律的强制性规定，任何个人和单位不得以任何形式免除该项义务。用人单位与职工通过协议的方式，将社会保险费用计入工资发放，违反了社会保险的强制性，与社会保险的保障功能不符，属于无效行为。但占某在入职时有选择签与不签《社会保险补充协议》的权利，其在放弃缴纳社会保险的协议上签字不管是出于自愿还是为获取工作的权宜之计，均是在权衡利弊的情况下自愿做出的选择，其对签字可能产生的法律后果也是明知的。占某在已经签字选择放弃社保的情况下，再以公司未缴纳社会保险为由提出解除劳动关系，并要求公司支付经济补偿金、要求用人单位补缴社会保险、养老保险金亦违背了诚实信用原则，占某对该无效行为同样存在过错，但某陶瓷公司作为用人单位，对国家政策更加了解，其凭借用人单位的地位完全可以避免不参加社会保险的情况发生，故其过错大于劳动者，对该无效行为应承担主要责任。根据《劳动合同法》第三十八条和第四十六条之规定，占某以用人单位未缴纳社会保险为由提出解除劳动合同，用人单位应支付经济补偿金。考虑到双方对于未参加社会保险均有过错及在合同履行过程中占某受伤后因双方对占某受伤是否为工伤产生争议引发行政诉讼，导致占某受伤后至其申请仲裁期间有近 3 年实际未在某陶瓷公司工作的实际情况，法院酌情由某陶瓷公司支付占某 2 个月经济补偿金 5238 元（2619 元/月×2 个月）。

地域：上海市

文件名称/案例名称

周某与上海某生物科技有限公司劳动合同纠纷一审民事判决书

主要内容/观点

用人单位为劳动者缴纳社会保险，是用人单位的基本义务。如用人单位未为劳动者缴纳社会保险，劳动者可以解除劳动合同并主张经济补偿。但需要注意的是，该规定的目的是促进劳动合同当事人双方诚信地履行各自的义务，只有用人单位存在有悖诚信的情况，从而拒绝支付的，才属于该规定所要规制的对象。本案中，原告曾于 2015 年 9 月提交申请，明确自行缴纳社保并由用人单位报销公司应承担部分的社保费用。虽然原告主张该申请系上海某生物科技有限公司江西分公司胁迫签订，但并未提供证据证实；而在实际操作中，原告在 2015 年、2016 年度均自行缴纳了社会保险并提出报销申请及票据，并由上海某生物科技有限公司江西分公司报销了相关费用，上述事实可以说明自行缴纳社保系由原告主张，用人单位并无拒绝缴纳社保的恶意。虽然原告自 2017 年 1 月 1 日开始和被告间签订劳动合同，但实际工作地点、工作内容、薪资发放均无变化，实际工作情况仍和之前无异，故被告依然按照之前的模式进行操作也有其合理性。由于原告在申请时明确报销均是以年为周期进行的，且之前也均是至当年年底后方才提出报销申请，故被告在原告在职期间未要求原告进行报销并无明显不当；同时，被告在原告提出离职后也及时向其提出提交票据进行报销的要求，也可以反映被告并无故意拒绝为原告缴纳社会保险的恶意。另，原、被告于 2016 年 9 月前并无劳动关系，被告亦不负有为原告缴纳当时社会保险的基本义务。综上，原告要求被告支付解除劳动合同经济补偿，缺乏依据，法院不予支持。

地域：浙江省

文件名称/案例名称

吕某与杭州某物业管理有限公司劳动争议二审民事判决书

主要内容/观点

吕某在职期间，多次向杭州某物业管理有限公司出具《个人声明》，表示其本人已经自行交纳了社会保险，故杭州某物业管理有限公司无须为其办理社会保险，并承诺在杭州某物业管理有限公司工作期间买社会保险完全由其自行交纳。吕某对《个人声明》上其签名的真实性无异议，但其认为声明的内容系杭州某物业管理有限公司事后添加，并非其真实意思表示，法院认为，《个人声明》系某亲笔签名确认出具，系其真实意思表示，吕某未提供证据证明《个人声明》有存在欺诈、胁迫等情形存在，故法院对其真实性予以确认。现吕某以杭州某物业管理有限公司未为其缴纳社会保险为由，提出离职，对其要求杭州某物业管理有限公司支付经济补偿金的请求，法院不予支持。

地域：贵州省

文件名称/案例名称

王某与桐梓县某酒店劳动争议一案民事一审判决书

主要内容/观点

本案争点在于原告王某以被告桐梓县某酒店未缴纳各种法定的社会保险费为由请求被告桐梓县某酒店支付10575元经济补偿金是否成立。首先，原告已向被告出具了不缴纳社保费的申请，双方在劳动合同书中做出关于未缴纳社会保险费方面的明确约定。其次，被告桐梓县某酒店已将原告王某的保险费支付给了原告，原告已领取了该费用。再次，原告已先后以桐梓县某学校、个体工商户为缴费单位与社保部门建立了社会保险关系，原告对这一事实是明知的。原告主张其向被告出具不缴纳社保费的申请是迫不得已，不是其真实意思表示，只有陈述，没有证据提交，法院结合原告明知其已与社保部门建立了社保关系的事实，对原告的主张不予支持。原告同意未缴纳社会保险费的后果由原告承担，明确向被告就此做出了承诺，原告事实上又从被告处领取了双方关于社会保险方面约定的费用，法院对原告以未缴纳社会保险费用为由请求被告支付经济补偿金的主张不予支持。

地域：陕西省

文件名称/案例名称一

任某某与西安某军教育培训中心劳动争议二审民事判决书

主要内容/观点

根据《劳动合同法》第三十八条、第四十六条的相关规定，用人单位未依法为劳动者缴纳社会保险费的，劳动者可以解除劳动合同，用人单位应当向劳动者支付经济补偿。本案中，上诉人未为被上诉人缴纳社会保险，被上诉人因此解除劳动合同，上诉人应当依据上述法律规定向被上诉人支付解除劳动合同的经济补偿金。上诉人称双方劳动合同中被上诉人自愿放弃社会保险的约定，违反法律强制性规定，对上诉人该上诉理由，法院不予采纳。上诉人主张其因客观原因无法为被上诉人缴纳，与其主张被上诉人自愿放弃缴纳社会保险的意见相矛盾，故对上诉人该项上诉理由，法院不予采信。

文件名称/案例名称二

原告西安某某厨房大馄饨餐饮有限责任公司与被告崔某某劳动争议案件一审民事判决书

主要内容/观点

用人单位应当依法为劳动者缴纳社会保险费，用人单位与劳动者双方并没有选择不缴纳社会保险的权利，但本案中，被告是完全民事行为能力人，其作为劳动者在入职时有选择签署或者不签署《社保放弃缴纳承诺书》的权利，被告主张原告公司批量制作《社保放弃缴纳承诺书》并要求必须签署，签署行为并非其自愿，但并未提供证据予以证明，因此被告签署的《社会保险办理调查表》及《社保放弃缴纳承诺书》应认定为其真实的意思表示。被告辩称工作期间其曾要求公司为其补缴社保，但并未提供证据，法院不予采信。综上，被告自愿放弃缴纳社保，现又以公司未为其缴纳社保为由主张经济补偿金，无事实和法律依据，法院不予支持。

补充说明

两个案例观点相左，案例一观点认为劳动者自愿放弃社保的约定因违反法律强制性规定而属无效约定，因此劳动者以用人单位未缴纳社保为由解除劳动合同，用人单位仍需支付经济补偿。案例二观点认为劳动者签署协议自愿放弃缴纳社保，现又以公司未为其缴纳社保为由主张经济补偿，无事实和法律依据。从能查询到的案例来看，陕西各地对此问题的态度不尽一致，需结合个案具体情况综合认定。

地域：重庆市

文件名称/案例名称

《重庆市六部门劳动争议案件法律适用问题专题座谈会纪要（二）》

主要内容/观点

第六条　劳动者明确放弃用人单位为其缴纳社会保险费的行为效力问题。

依法为劳动者缴纳社会保险费是用人单位的法定义务，该义务不能因劳动者承诺放弃而不履行。劳动者明确放弃用人单位为其缴纳社会保险费的行为，不仅损害个人利益，而且侵害社会公共利益，故该行为无效。在实践中，对劳动者明确放弃用人单位为其缴纳社会保险费后，又以此为由主张解除劳动合同，并由用人单位支付经济补偿金的是否支持，法院存在分歧。

多数意见认为，由于劳动者放弃用人单位为其缴纳社会保险费的行为无效，不能因此而免除用人单位为其缴纳社会保险费的义务，故劳动者仍可以此为由解除合同，并要求用人单位向其支付经济补偿金。

少数意见认为，劳动者明确放弃用人单位为其缴纳社会保险费的，劳动者对用人单位未依法为其缴纳社会保险费存在过错，此种情形下，应当给予用人单位一定的改正机会。实践中，劳动者在解除劳动合同前应当向用人单位提出为其缴纳社会保险费的要求，如果用人单位在一个缴纳周期内未为劳动者缴纳社会保险费，则法院应对劳动者解除劳动合同并支付经济补偿金的请求予以支持。

两种意见各有道理，为了限制劳动者与用人单位的避法行为，加强对社会公共利益的维护，重庆市高级人民法院倾向于同意多数意见。

地域：湖北省

文件名称/案例名称一

湖北某软件集团有限公司与赵某国劳动争议一审民事判决书

主要内容/观点

被告虽然签署了《关于自愿放弃缴纳社保的声明》，但无论是否系其自愿，均与我国社会保险法律规定相悖，法院不予采信。

文件名称/案例名称二

张某枝与大冶市某铝业有限责任公司劳动争议二审民事判决书

主要内容/观点

虽然某铝业公司与张某枝达成的不参保约定，因违反了法律的强制性规定，应认定无效，但该协议系双方真实意思表达。现张某枝在明知与某铝业公司达成有不参保约定的情况下，又以某铝业公司未为其缴纳社会保险费为由提出解除劳动合同关系并要求支付经济补偿，有违诚实信用原则，不符合支付经济补偿的法定情形，一审判决某铝业公司无需支付张某枝经济补偿并无不当。

文件名称/案例名称三

某实业有限公司与黄某盛劳动争议再审审查与审判监督民事裁定书

主要内容/观点

社会保险是国家实施的一种强制性保险，用人单位和劳动者都有缴纳社会保险费的义务。本案中，公司与黄某盛达成的不参保约定，免除了公司的法定义务，侵害了国家社会保障体制以及黄某盛的合法权益，无论该约定是否出于黄某盛自愿，因违反了法律的强制性规定，应认定为无效。公司作为用工单位明知其有为劳动者缴纳社会保险费的法定义务，仍与黄某盛约定以社保补贴代替缴纳社会保险费，从而免除自己的法定义务，明显存在过错。现黄某盛因公司未为其缴纳社会保险费在达到法定退休年龄后不能享受基本养老保险待遇，故公司在解除劳动关系时应向黄某盛支付经济补偿。但黄某盛与某公司签署协议放弃缴纳社会保险费，亦有不当之处，故原判依照过错责任分担经济补偿并无不当。

地域：山西省

文件名称/案例名称一

秦某与中国银行业监督管理委员会某监管分局与晋中市某劳务派遣有限责任公司劳务派遣合同纠纷一审民事判决书

主要内容/观点

法院对被告某劳务派遣公司提出的2011年11月至2013年1月间，原告自愿放弃缴纳社会保险，其已将相应的应缴社会保险款项在发放工资时给至原告的抗辩理由，不予采纳。被告某银监分局、被告某劳务派遣公司应与原告共同到社会保险经办机构补缴工作期间的社会保险。

补充说明

在本案中，人民法院经审理驳回劳动者除补缴社会保险以外的全部诉讼请求，虽然对单位“系原告自愿放弃缴纳社会保险”的主张不予采纳，但是并未支持劳动者解除劳动合同经济补偿金。

文件名称/案例名称二

山西省某阳光食品有限公司与任某劳动争议一审民事判决书

主要内容/观点

原、被告签订的劳动合同，是双方的真实意思表示，内容合法、有效，双方应当按照法律规定和劳动合同的约定履行各自的义务。我国劳动法和社会保险法均明确规定，用人单位应当为劳动者缴纳社会保险。原告山西省某阳光食品有限公司为被告任某缴纳社会保险是其法定义务，虽内部做出了“缴纳养老保险”的决定，但其内容违反法律的规定，该决定不能成为原告不为被告缴纳社会保险的理由，故原告无需为被告补缴劳动关系成立期间的社会保险的诉讼请求，法院不予支持；原告山西省某阳光食品有限公司以被告任某争抢座位发生争吵给公司造成不良影响为由解除其与被告的劳动合同，缺乏法律依据，且解除的程序也不合法，故对于原告拒绝支付被告经济补偿金的诉讼请求，法院不予支持；根据《劳动合同法》的规定，被告任某不要求继续履行劳动合同或劳动合同已经不能继续履行的，原告山西省某阳光食品有限公司应当按照经济补偿标准的二倍向被告任某支付赔偿金。

补充说明

在本案中，人民法院与劳动仲裁委员会思路一致，均认为我国劳动法和社会保险法均明确规定，用人单位应当为劳动者缴纳社会保险。但是本案中支持劳动者解除合同经济补偿金的基础理由并不是用人单位未按照规定缴纳社会保险，而是用人单位解除劳动合同理由及程序不合法。

地域：云南省

文件名称/案例名称一

周某诉某市公安局交通警察大队劳动争议纠纷案

主要内容/观点

《劳动合同法》第三十八条、第四十六规定用人单位未依法为劳动者缴纳社会保险费的，劳动者可以解除劳动合同，并可以要求用人单位支付经济补偿金。本案交警大队在与周某劳动关系存续期间未向社保机构为周某缴纳社会保险费，周某可以解除劳动合同，并可以要求交警大队支付经济补偿金。

补充说明

员工与用人单位签订了《自愿放弃缴纳社会保险协议》《自愿放弃缴纳社保申请书》，法院最终支持了未缴社保的经济补偿金。

文件名称/案例名称二

王某某与昆明某商业管理有限公司劳动争议案

主要内容/观点

根据《劳动法》第七十条“国家发展社会保险事业，建立社会保险制度，设立社会保险基金，使劳动者在年老、疾病、工伤、失业、生育等情况下获得帮助和补偿”，《劳动合同法》第三十八条第一款第三项劳动者可以解除劳动合同的情形中“未依法及时足额缴纳社会保险费的”的规定，以及《社会保险法》第八十四条的规定，用人单位为劳动者缴纳社会保险是强制性的法定义务，不以劳动者放弃为免责条件，故本案中原告虽放弃购买社会保险，被告仍应承担为原告缴纳社会保险费的义务，现原告以被告未为其缴纳社会保险费为由解除劳动合同，被告应承担向原告支付经济补偿金的责任，故被告应支付原告经济补偿金。

地域：山东省

文件名称/案例名称一

海阳某五金有限公司与孙某劳动争议二审民事判决书

主要内容/观点

《社会保险法》第六十条规定，用人单位应当自行申报、按时足额缴纳社会保险费，非因不可抗力等法定事由不得缓缴、减免。用人单位依法为劳动者缴纳社会保险费系用人单位的法定义务。某五金有限公司与孙某签订的季节工劳动合同中虽然约定了用工期间某五金有限公司不予缴纳各种劳动保险，但此条约定因违反了国家法律的强制性规定而无效。《劳动合同法》第三十八条规定，用人单位未依法为劳动者缴纳社会保险费的，劳动者可以解除劳动合同。《劳动合同法》第四十六条规定，劳动者依照本法第三十八条规定解除劳动合同的，用人单位应当向劳动者支付经济补偿。孙某以某五金公司未为其缴纳社会保险费为由解除劳动合同，并要求某五金公司支付经济补偿金，符合法律规定，法院应予支持。

文件名称/案例名称二

张某与山东某汽车零部件有限公司劳动争议一审民事判决书

主要内容/观点

《劳动法》第七十二条规定：用人单位和劳动者必须依法参加社会保险，缴纳社会保险费；《社会保险费征缴暂行条例》第四条规定：缴费单位、缴费个人应当按时足额缴纳社会保险费。由此可见，原告张某、被告某汽车零部件公司双方签订的劳动合同中不缴纳社会保险费的约定，违反了法律的强制性规定，该条款应属无效。

原告称其因被告未为其依法缴纳社会保险费而提起劳动仲裁，要求与被告解除劳动关系，并要求被告支付相关待遇，被告称原告系自动离职，但被告并未以此为由做出与原告解除劳动合同的决定。因缴纳社会保险费是用人单位的法定义务，在原、被告劳动关系存续期间，被告确未依法为原告缴纳社会保险费，符合《劳动合同法》第三十八条第一款第三项劳动者可以解除劳动合同的情形，故双方之间解除劳动关系系因被告未依法缴纳社会保险费，原告以此为由提出解除劳动关系。

补充说明

本案例中，劳动合同约定单位不缴纳医疗及养老等社会保险，由某汽车零件公司直接发放给张某。法院认为，双方签订的劳动合同中约定不缴纳社会保险费的条款应属无效。同时某汽车零件公司未依法为张某缴纳社会保险费，符合法律规定劳动者可以解除劳动合同的情形，故张某有权以此为由提出解除劳动关系，法院支持了张某主张经济补偿金的请求。

地域：天津市

文件名称/案例名称

《天津市贯彻落实〈劳动合同法〉若干问题实施细则》

主要内容/观点

第十五条　用人单位应当按照法律规定为劳动者缴纳社会保险费，因用人单位原因导致未缴纳或未足额缴纳社会保险费的，劳动者可以依据《劳动合同法》第三十八条规定解除劳动合同，并要求用人单位支付经济补偿。用人单位与劳动者约定不缴纳或少缴纳社会保险费的，双方的约定无效，应视为因用人单位原因导致未缴纳或未足额缴纳社会保险费。

地域：江苏省

文件名称/案例名称

《江苏高院关于审理劳动争议案件的指导意见》

主要内容/观点

第十六条　因劳动者自身不愿缴纳等不可归责于用人单位的原因，导致用人单位未为其缴纳或未足额缴纳社会保险费，或者未参加某项社会保险险种，劳动者请求解除劳动合同并主张用人单位支付经济补偿的，不予支持。

难点十三

劳动者以旷工的方式对抗用人单位违法调岗/工作地点，用人单位以员工旷工为由解除劳动合同是否合法？

根据《劳动合同法》第三十五条的规定，工作内容和工作地点是劳动合同的必备条款，用人单位变动劳动者岗位或者工作地点应当与劳动者协商一致，除此之外，如果用人单位单方调动劳动者的岗位或工作地点，须满足合法性、合规性、合理性的要求。首先，用人单位单方调岗/工作地点必须符合法律规定，其次，规章制度和劳动合同中必须明确，用人单位在哪种情形下享有单方调岗/工作地点的权利，再次，用人单位行使单方调岗/工作地点的权利必须具有一定的合理性，应当综合考虑用人单位的经营状况、劳动报酬或劳动条件是否明显降低、对劳动者生活的影响等各种因素，如果未与劳动者协商一致，或单方调岗/工作地点不能满足合法性、合规性、合理性的前提条件，则用人单位属于违法调岗/工作地点，劳动者往往会以旷工作为回应用人单位违法调岗/工作地点的手段。

本所律师通过检索发现，全国各省市法院对“劳动者以旷工的方式对抗用人单位违法调岗/工作地点，用人单位以员工旷工为由解除劳动合同是否合法”的回答趋于一致，即用人单位违法调岗/工作地点在先，以员工旷工解除劳动合同不合法是我国司法实践的主流观点，持有该观点的代表省市为：北京、上海、四川、河北、广东、福建、湖南等，其中河北省沙河市人民法院认为劳动者因不服调岗决定停止工作的，应视为劳动关系中止，不应按旷工处理。

极少数省市的法院认为，即使用人单位违法调岗/工作地点，劳动者也应通过合法、合理途径主张自身的权利，要与用人单位友好协商一致的方式，而不是通过拒绝工作来抗议用人单位的违法，如果劳动者存在上述的情形，用人单位有权按照旷工处理，持有该观点的为浙江、重庆等极少数省市。

另外，针对该问题，陕西省法院提出了一种特别的观点：劳动者的旷工行为应视为劳动者以行为与用人单位解除劳动关系，这将直接把经济赔偿变为经济补偿。

地域：四川省

文件名称/案例名称一

李某与四川某建设监理有限公司劳动争议二审民事判决书

主要内容/观点

本案中，李某已与四川某建设监理有限公司签订了固定期限劳动合同，合同中约定李某的岗位为管理，且工作地点在成都，合同期限为2013年7月15日至2018年7月14日。在合同尚未到期的2016年8月，四川某建设监理有限公司仅以公司研究决定为由发布了《关于公布四川某建设监理有限公司机关部门设置、岗位竞聘及任职条件的通知》，要求公司员工通过公开竞聘的方式重新上岗，其中包括李某所在部门的全体岗位。法院认为，在李某所在部门全体岗位已被纳入竞聘范围的情形下，李某参加竞聘的行为并不代表其与公司就落选后安排的新岗位达成了一致意见，且根据李某参加竞聘的部门是办公室的管理岗位，工作地点仍在原有工作地点，李某仍有按照原劳动合同约定的岗位职责与工作地点履行劳动合同的意愿。法院认为，工作岗位和工作地点是劳动合同的核心要素，其中工作地点对劳动者尤其重要，其直接影响劳动者的生活利益与家庭人伦、社会人际关系。本案中，李某原工作地点在成都，竞聘落选后被安排至凉山州甘洛县，两地相距过远，劳动者没有履行的现实性，且工作地点违反劳动合同约定。同时，新岗位的职责不明，因此李某拒绝到岗具有合理理由，其未到岗而与公司不断协商的期间，不宜认定为旷工。四川某建设监理有限公司以其旷工为由解除劳动合同，缺乏事实和法律依据，属于违法解除，应当支付赔偿金。

文件名称/案例名称二

王某与成都市某商务服务有限公司经济补偿金纠纷二审民事判决书

主要内容/观点

成都市某商务服务有限公司于2017年9月20日下发的《人事变动通知》其内容仅为免去王某某店长职务，成都市某商务服务有限公司未举证说明已经向王某告知了新岗位报到地点及时间，成都市某商务服务有限公司以王某未去新岗位报到属于旷工的主张不成立，同时，成都市某商务服务有限公司认可2017年9月27日解除了与王某的劳动关系，成都市某商务服务有限公司主张王某自2017年9月28日起未到成都市某商务服务有限公司上班，无故旷工的理由也不能成立，故成都市某商务服务有限公司以王某旷工为由，依据公司管理制度解除与王某劳动关系，不符合《劳动合同法》的相关规定，属违法解除，成都市某商务服务有限公司应向王某支付违法解除劳动合同的赔偿金。

文件名称/案例名称三

张某与成都某物业服务有限公司劳动争议二审民事判决书

主要内容/观点

根据双方签订的《劳动合同》，成都某物业服务有限公司可以对张某的工作岗位进行调整。同时，维修二组与维修一组的岗位并未发生实质变化，成都某物业服务有限公司也未调低张某的工资标准，因此成都某物业服务有限公司的调岗行为符合《劳动合同》约定，也不存在明显不合理的情形，法院对此予以认可。另外，《劳动合同》约定，张某如对工作岗位调整有异议，可以在三日内书面形式向成都某物业服务有限公司人事部门反映本人意见，但未经成都某物业服务有限公司书面同意，张某不能有旷工等行为。本案中，张某不同意成都某物业服务有限公司调岗，但其不依照合同约定的时间、方式提出异议，却以不到岗的方式表达进行对抗，在维修一组组长任某多次向其发送信息催告后仍拒绝到岗接受工作安排，该行为符合《劳动合同》中成都某物业服务有限公司可以解除劳动合同的两项情形：连续旷工超过3日或年累计旷工超过7日的；未在成都某物业服务有限公司指定之工作地点或工作岗位积极、正确履行工作职责，经书面提示未予整改的。成都某物业服务有限公司以此为由解除劳动合同事由成立，其与张某解除劳动合同的行为合法。因此对张某要求成都某物业服务有限公司支付违法解除劳动合同赔偿金15000元的上诉请求，法院不予支持。

补充说明

对于此类案件，法院着重审查调岗的合法及合理性，且审查较为严格，如用人单位调岗不具有合理性，员工即使以“旷工”方式对抗，用人单位以旷工解除劳动合同，依然将被认定违法解除，需支付赔偿金。

地域：北京市

文件名称/案例名称

《北京市高级人民法院、北京市劳动人事争议仲裁委员会关于审理劳动争议案件法律适用问题的解答》

主要内容/观点

第六条　用人单位与劳动者在劳动合同中宽泛地约定工作地点是“全国”“北京”等，用人单位在履行劳动合同过程中调整劳动者的工作地点，劳动者不同意，用人单位依据规章制度做出解除劳动合同的决定是否应支持？

用人单位与劳动者在劳动合同中宽泛地约定工作地点是“全国”“北京”等，如无对用人单位经营模式、劳动者工作岗位特性等特别提示，属于对工作地点约定不明。劳动者在签订劳动合同后，已经在实际履行地点工作的，视为双方确定具体的工作地点。用人单位不得仅以工作地点约定为“全国”“北京”为由，无正当理由变更劳动者的工作地点。

用人单位与劳动者在劳动合同中明确约定用人单位可以单方变更工作地点的，法院仍应对工作地点的变更进行合理性审查。具体审查时，除考虑对劳动者的生活影响外，还应考虑用人单位是否采取了合理的弥补措施（如提供交通补助、班车）等。

补充说明

关键还是审查用人单位调岗/工作地点的合法、合理性。

地域：河北省

文件名称/案例名称一

刘某与河北某专用车有限公司劳动争议案

主要内容/观点

依法订立的劳动合同具有约束力，用人单位与劳动者应当履行劳动合同约定的义务。本案被告解除与原告的劳动合同的原因是原告不服从《员工调岗通知书》中调其由石家庄至燕郊工作的决定，根据双方 2016 年 9 月 30 日签订的第三份劳动合同，约定的工作地点是“石家庄”，被告的调岗通知实质上是变更了劳动合同的内容。根据《劳动合同法》第三十五条的规定“用人单位与劳动者协商一致，可以变更劳动合同约定的内容”，因此被告擅自变更劳动合同约定的内容的行为无效。被告据此解除与原告的劳动合同无法律和合同依据，属于违法解除，对此原告请求支付违法解除合同赔偿金于法有据，法院应予支持。

文件名称/案例名称二

张某与某建材公司劳动争议案

主要内容/观点

本案中，因公司和被告同属某集团有限公司，且劳动合同中载明了集团管理性质，根据原被告所签劳动合同条款 3.3 的约定，原告调出原公司 6 个月内，视为调岗，超过六个月双方可另行协商确定劳动关系，被告将原告调往河南工作，应视为调岗，原告对调岗不接受，也未到河南公司报告。原告因不服调岗决定停止工作，应视为劳动关系中止，不应按旷工处理。

地域：广东省

文件名称/案例名称

某电子公司与林某劳动争议二审民事判决书

主要内容/观点

根据《最高人民法院关于审理劳动争议案件适用法律若干问题的解释(一)》第十三条“因用人单位做出的开除、除名、辞退、解除劳动合同、减少劳动报酬、计算劳动者工作年限等决定而发生的劳动争议，用人单位负举证责任”之规定，本案中应由某电子公司就林某不能胜任劳动合同约定的工作岗位问题、林某是否连续旷工 3 日问题、以及《员工手册》是否经法定程序制订并已由林某签名确认问题承担举证责任。虽然某电子公司 2017 年 11 月 8 日做出的《通告》及 2017 年 12 月 13 日做出的《关于林某的情况说明》中均陈述林某在本部门表现不良，经常出现品质问题而被投诉，部门主管提出将其调任其他部门，但林某不服从安排，并在未办理任何手续的情况下私自旷工 3 天以上，严重违反厂内规章制度，故某电子公司决定对林某做出自动离职处理。但无论《通告》或是《关于林某的情况说明》都是某电子公司单方制作的，除此之外某电子公司并没有进一步举证证明上述文件的内容的真实性，对此林某也从未予以认可，况且即便林某不能胜任本职工作，双方签订的劳动合同也明确约定此种情形下用人单位必须对劳动者进行培训或调整工作岗位，之后仍不能胜任时用人单位才可以解除劳动合同。但某电子公司并未能举证证明曾对林某进行再培训或直接将林某调整到新岗位，某电子公司自认没有按规定向林某出具《调岗证明》也可以充分说明某电子公司根本没有计划重新安排林某的工作就直接解除了双方的劳动关系。此外，即便林某真的旷工 3 日，但某电子公司仍不能依据《员工手册》中的相关规定解除与林某的劳动合同。因为某电子公司在提交《员工手册》时并未提交任何证据证明该手册经某电子公司职工代表大会或者全体职工讨论决定通过，且本案中某电子公司没有提交任何证据证明该司已向林某尽到了明确提示告知上述《员工手册》的内容及违反《员工手册》法律后果的义务，根据《劳动合同法》第四条第二款“用人单位在制定、修改或者决定有关劳动报酬、工作时间、休息休假、劳动安全卫生、保险福利、职工培训、劳动纪律以及劳动定额管理等直接涉及劳动者切身利益的规章制度或者重大事项时，应当经职工代表大会或者全体职工讨论，提出方案和意见，与工会或者职工代表平等协商确定”以及《劳动合同法》第四条第四款“用人单位应当将直接涉及劳动者切身利益的规章制度和重大事项决定公示，或者告知劳动者”之规定，上述《员工手册》的制定程序不合法，对林某没有法律约束力，所以某电子公司以林某违反《员工手册》相关规定为由解除与林某的劳动关系于法无据，法院不予认同。况且经查，林某在主观上并无旷工的故意，从 2017 年 11 月 2 日起，林某没有正常刷卡上班的时期属岗位调整协商期和等待工作安排期，且林某不到单位上班完全是按某电子公司的安排或指示行事，并非其不愿或故意不上班。因为实际上是某电子公司根本没有安排林某到何部门何岗位去上班。故某电子公司的上诉请求既无事实基础，亦无法律依据，法院不予采纳。

补充说明

劳动者以旷工的方式对抗用人单位违法调岗/工作地点，用人以员工旷工为由解除劳动合同并不合法。

地域：福建省

文件名称/案例名称

福建某人力资源公司与曾某劳动争议再审民事判决书

主要内容/观点

涉案《劳动合同》虽约定“在合同期间内，甲方有权根据甲方工作需要、用工单位工作需要及生产经营的变化和乙方的表现调整乙方的工作岗位和工作地点”，但并非意味着在工作地点发生重大变更的情况下，用人单位可不做协商，滥用企业用工自主权损害劳动者权益。福建某人力资源公司要求曾某由三明到长乐机场工作，工作地点发生的重大变更，关系到曾某的工作环境、生活环境和就业选择。福建某人力资源公司应依据《劳动合同法》第三十五条之规定与曾某协商。福建某人力资源公司提交的电话录音形成时间无法确认，不足以证明其出具《调岗通知》前与曾某就调岗事宜进行过协商并达成一致，福建某人力资源公司未经协商单方调整曾某的工作岗位和工作地点，超出了企业用工自主权。福建某人力资源公司提供培训记录、堵门视频、截图等证据，主张曾某违反用工单位规章制度，聚众闹事，给福建某人力资源公司及用工单位造成重大经济损失，但福建某人力资源公司并未提供证据证明曾某的行为严重影响了用工单位的生产经营并给福建某人力资源公司、三明某津公司造成重大经济损失。福建某人力资源公司作为劳动关系的相对优势方，虽然对职工具有自主管理权，但在曾某未违反劳动合同或有关规章制度的情况下，未经协商一致就出具涉及劳动关系解除的《调岗通知》，并以此主张曾某无故旷工违反规章制度的行为缺乏正当性。福建某人力资源公司的前述行为引发纠纷后，曾某等人解决诉求的方式虽有不当，但福建某人力资源公司未能及时、有效地与曾某等人协商，对事件的发生存在过错，福建某人力资源公司的行为属违法解除劳动关系。

补充说明

劳动者以旷工的方式对抗用人单位违法调岗/工作地点，用人单位以员工旷工为由解除劳动合同并不合法。

地域：湖南省

文件名称/案例名称

湖南某科技公司与查某劳动争议案

主要内容/观点

湖南某科技公司未提交充分证据证明查某不能胜任原工作岗位，在未与查某协商一致的情况下便调整其岗位和薪酬，其行为属于违法调岗，湖南某科技公司在查某不同意调岗的情况下，以查某坤连续旷工为由解除劳动合同，属于违法解除，一审认定查某可另案向湖南某科技公司主张违法解除劳动关系的赔偿金。经审查，鉴于法院生效的（20××）湘01民终85××号、85××号民事判决已经确认湖南某科技公司解除查某劳动关系属于违法解除，湖南某科技公司应当支付查某赔偿金。

地域：上海市

文件名称/案例名称

胡某与某保险有限公司劳动合同纠纷上诉案

主要内容/观点

用人单位与劳动者协商一致可以变更劳动合同，但也不可据此否认用人单位因生产结构、经营范围进行调整或外部市场发生变化行使经营管理自主权，在合法、合理的前提下对劳动者岗位进行适当调整。对此劳动者应当予以配合，这也是劳动关系人身从属性的具体体现。如劳动者对调整工作岗位有异议，应当采用协商的方式解决，而不应当以消极怠工的方式进行抵制或对抗。故劳动者既未到新的工作岗位报到也未到原岗位出勤，按照用人单位规章制度规定确属严重违纪的，用人单位可以与劳动者解除劳动合同。

地域：浙江省

文件名称/案例名称

骆某与浙江某驾驶员培训股份有限公司劳动争议二审民事判决书

主要内容/观点

被上诉人对上诉人进行工作岗位调整，上诉人向被上诉人发函表示对该调整有异议。上诉人于函告后，在未办理请假手续的情况下，未在原岗位上班，也未到新岗位报到。被上诉人以上诉人旷工达 15 天违反公司规章制度为由，解除与上诉人之间的劳动合同。上诉人认为其未出勤是被上诉人所致，其以不去新岗位报道的方式来对抗对其岗位的调整。劳动者如对工作岗位的调整有异议，可以通过合法合理的途径主张权利。但在此期间，劳动者仍是用人单位的员工，仍需要遵守用人单位的规章制度。故，上诉人自 2015 年 12 月 1 日起未办理请假手续，擅自离岗连续超过 15 日，已严重违反公司的规章制度，被上诉人据此解除劳动合同符合法律规定。

地域：贵州省

文件名称/案例名称一

中国某股份公司贵州分公司与穆某劳动争议纠纷案民事裁定书

主要内容/观点

根据《劳动合同法》第四条“用人单位应当依法建立和完善劳动规章制度，保障劳动者享有劳动权利、履行劳动义务。用人单位在制定、修改或者决定有关劳动报酬、工作时间、休息休假、劳动安全卫生、保险福利、职工培训、劳动纪律以及劳动定额管理等直接涉及劳动者切身利益的规章制度或者重大事项时，应当经职工代表大会或者全体职工讨论，提出方案和意见，与工会或者职工代表平等协商确定。在规章制度和重大事项决定实施过程中，工会或者职工认为不适当的，有权向用人单位提出，通过协商予以修改完善。用人单位应当将直接涉及劳动者切身利益的规章制度和重大事项决定公示，或者告知劳动者”，以及第三十五条“用人单位与劳动者协商一致，可以变更劳动合同约定的内容。变更劳动合同，应当采用书面形式”的规定，中国某股份公司贵州分公司对穆某进行的岗位调整，是对双方签订的《劳动合同书》附件《岗位合同书》的变更，该分公司应与劳动者协商一致。中国某股份公司贵州分公司未经协商而单方调整穆某至电解铝厂电解工岗位，不符合法律规定。

在中国某股份公司贵州分公司与穆某未达成协商一致意见的情况下，穆某有权拒绝中国某股份公司贵州分公司的岗位调整，且穆某已于 2013 年 7 月 22

日向劳动争议仲裁委员会申请裁决，请求解除劳动关系。中国某股份公司贵州分公司在穆某申请劳动仲裁期间以电解铝厂的考勤记录认定穆某旷工，单方做出解除劳动关系的通知，不符合法律规定。

补充说明

贵州省高院认为企业非法调整劳动者岗位或地点的，劳动者有权拒绝前往赴职，用人单位不得以劳动者旷工为由解除劳动合同。

文件名称/案例名称二

思南某电力公司与吴某劳动争议二审民事判决书

主要内容/观点

工作地点属于劳动合同内容的范畴，吴某与思南某电力公司于 2012 年 1 月 1 日签订的第二份《劳动合同书》第四条约定“乙方（吴某）同意在甲方（思南某电力公司）安排的工作地点思南境内从事工作。根据甲方工作需要，经甲乙双方协商同意，可以变更工作地点”，此后吴某一直在双鱼关电站工作。与双方签订的第一份《劳动合同书》不同，第二份《劳动合同书》中无“根据工作需要，乙方（吴某）必须服从甲方（思南某电力公司）对工作岗位的安排和调整，其待遇按对应的岗位进行发放”的约定，思南某电力公司变更吴某在思南境内的工作地点应当与吴某协商一致，故思南某电力公司将吴某工作地点变更为长滩电站违反了劳动法律关于用人单位与劳动者协商一致可以变更劳动合同约定的内容的规定和合同约定。当月吴某仍留在双鱼关电站工作应当视为正常履行劳动合同的行为，这种情况下思南某电力公司单方解除与吴某的劳动关系不符合法律规定。因此，思南某电力公司应当按照《劳动合同法》和《工资支付暂行规定》之规定，向吴某支付经济赔偿和当月工资。

补充说明

铜仁市中院认为在企业违法调整用人单位岗位或工作地点的前提下，劳动者有权拒绝前往调整后的工作岗位或地点履职，用人单位以旷工为由解除劳动合同的属于违法行为。

地域：陕西省

文件名称/案例名称一

左某某与陕西某某家乐商业连锁有限责任公司劳动争议二审民事判决书

主要内容/观点

双方劳动合同约定左某某的工作地点为兴庆店，岗位为店长。虽然合同约定乙方（左某某）同意甲方根据生产经营需要可变更乙方工作地点，但被上诉人以轮岗为由免去左某某店长职务后，并未按合同约定给其重新安排工作岗位，致使左某某没有明确的工作岗位保持正常上班状态。被上诉人陕西某某家乐商业连锁有限责任公司在双方就此问题协商未果的情况下，以长期旷工为由，解除与左某某的劳动合同与事实不符。鉴于被上诉人陕西某某家乐商业连锁有限责任公司《关于与左某某解除劳动合同的决定》，是在双方就左某某新的工作岗位及薪酬待遇长期未能协商一致情况下做出的，故不应按照视为双方协商一致解除劳动合同对待处理。

文件名称/案例名称二

何某某与西安某旗电子股份有限公司劳动争议二审民事判决书

主要内容/观点

根据上诉人与被上诉人双方之间签订的劳动合同，被上诉人有权因工作需要及上诉人的实际情况，调换上诉人的工作岗位，且根据被上诉人 2017 年 3 月 31 日下发的文件，被上诉人此次调岗仅调整了上诉人的工作部门，上诉人工作内容、薪酬待遇未发生变化，应属于用人单位行使经营管理自主权的范畴，未侵害到上诉人的合法权益，上诉人应当服从被上诉人单位的工作安排，而上诉人连续多天未到新部门报到，未实际履行劳动义务，且在被上诉人对其连续旷工行为予以公示的情况下仍未到新部门报到，故法院认定上诉人的行为已经构成连续旷工，被上诉人单位根据相关法律规定和其单位的规章制度以上诉人违反公司规章制度，不服从公司劳动安排，不到岗，拒绝工作安排为由将上诉人予以辞退并无不当，未违反法律规定。

文件名称/案例名称三

原告杨某与被告西安某盾押运有限公司劳动争议纠纷一案一审民事判决书

主要内容/观点

2016 年 11 月 23 日，原告用盖有西安某盾押运有限公司人力资源部公章的授权委托书去法院领取起诉状副本及开庭传票，被告认为原告的行为严重违反用人单位规章制度，后签发调令，决定将原告调至公司人防部并调整薪资待遇。原告不服，申请仲裁并起诉，即 2016 年 11 月 23 日是双方之间发生纠纷的节点，原告当天的行为是否适当是双方劳动关系解除的重点考量内容。对原告 2016 年 11 月 23 日的行为，法院认为，原告作为人力资源部专员，经主管领导口头批准后从法院领取相关法律文书是在妥善地履行其职责；但原告未经公司同意，向法院出具了盖有公司人力资源部公章的授权委托书，该委托书载明：原告作为被告公司代理人，在西安某德公司诉被告案件中作为代理人，“代为起诉、应诉、和解、调解、承认、变更诉讼请求，代领法律文书，代为撤诉”，即，原告向法院出具了代表公司处理该案件的全权委托书。此种代理权限的出具原告并未经被告公司同意，原告存在过错，被告应对原告进行一定处罚。但原告出于配合法院的工作，积极代表公司从法院领取相应的法律文书，原告并非出于私人目的在授权委托书上加盖被告单位的部门公章，且原告也向主管领导进行过请示，其 2016 年 11 月 23 日的行为实际也未对被告单位造成十分严重的影响，被告将原告从人力资源部调岗至一线部门并降低薪酬，被告处罚过重。原告虽不同意调岗，但不应从 2017 年 3 月 15 日起就回家不再工作。因原告私自回家不再工作，被告作为企业管理者，为了规范管理、严肃纪律，于 2017 年 5 月 9 日做出《解除劳动合同通知书》，通知解除与原告的劳动关系，原告同意，应视为原告以行为表示愿与被告解除劳动关系，被告经与原告协商，双方一致同意解除劳动关系，故被告应支付原告解除劳动合同的经济补偿金。

补充说明

查询到的 2017—2018 年的案例 3 件，其中 1 件被认定为合法，2 件被认定为违法。在法院认为调岗违法继而旷工解除的案件中，法院并未支持劳动者要求支付违法解除赔偿金的诉求，系认定为劳动者以旷工的事实行为做出解除劳动合同的意思表示或者劳动者未与用人单位就变更劳动合同达成一致，从而判定双方系协商一致解除劳动合同，仅要求用人单位向劳动者支付经济补偿。

地域：重庆市

文件名称/案例名称一

《重庆市高院等六部门关于劳动争议案件法律适用问题专题座谈会纪要（二）》

主要内容/观点

第三条　工作岗位、工作地点的调整问题。

工作岗位对应的工作内容、工作地点均属于劳动合同的必备条款。用人单位在招用劳动者时，应当如实告知劳动者工作内容和工作地点。在劳动合同履行过程中，因用人单位调整劳动者工作岗位、工作地点而引发纠纷的，应当在是否确为生产经营之必需、是否显著降低劳动者的劳动报酬和劳动条件、是否对劳动者的工作、生活有重大影响、是否对劳动者具有侮辱性、歧视性等方面，综合认定用人单位的行为是否具备正当性。

文件名称/案例名称二

尹某东与重庆某煤电气有限公司机械制造分公司劳动争议纠纷案

主要内容/观点

劳动关系存续期间，劳动者应当遵守用人单位的劳动纪律，在双方协商调整劳动岗位期间，劳动者仍应正常工作，不能以此为由不到单位上班。某煤电气机械制造分公司制定的《重庆某煤电气有限公司员工奖惩暂行办法》中明确规定，旷工三天单位可解除与劳动者的劳动关系。该办法经过了合法的制定程序并告知了尹某东，某煤电气机械制造分公司据此解除双方的劳动合同，并不违法。

文件名称/案例名称三

许某皓与某贸易股份有限公司重庆分公司劳动合同纠纷二审民事判决书

主要内容/观点

根据查明的事实，可以确认许某皓并未按照重庆分公司的要求在 2017 年

7月23日到新工作地点报到，至2017年7月26日重庆分公司发出解除通知时，许某皓已连续旷工2天以上。虽然许某皓主张未报到的原因是其对重庆分公司调岗行为不认可，并曾通过劳动仲裁拟要求重庆分公司恢复其工作岗位，但在许某皓已经签收调岗通知和星光68专柜已经撤销的情况下，其要求恢复工作岗位的诉求明显不具备实现的客观条件。在此情况之下，许某皓理应先根据劳动合同中关于“重庆分公司可以根据工作需要及许某皓的工作能力，调整许某皓的工作岗位”的约定到新岗位报到，或者到分公司经营场所等地点履行出勤义务，再通过其他合法、合理途径保障自身的合法权利，而非无视合同约定，不服从工作安排，故一审法院认定许某皓的缺勤行为属于无故旷工。

地域：湖北省

文件名称/案例名称一

彭某容与湖北某商业投资有限公司劳动合同纠纷二审民事判决书

主要内容/观点

公司调整了彭某容的工作地点，该地点与彭某容原工作地点相距甚远，属于重大调整，彭某容在接到公司调岗通知后，未去上班，且以向仲裁委申请仲裁的行为，主动与某商业投资公司解除了劳动合同，依据《劳动合同法》第三十八条第一款第一项“用人单位有下列情形之一的，劳动者可以解除劳动合同：（一）未按照劳动合同约定提供劳动保护或者劳动条件的”、第四十六条第一款第一项“有下列情形之一的，用人单位应当向劳动者支付经济补偿：（一）劳动者依照本法第三十八条规定解除劳动合同的”的规定，公司应向彭某容支付经济补偿金。

文件名称/案例名称二

吴某明与武汉市某集团有限责任公司劳动争议再审审查与审判监督民事裁定书

主要内容/观点

吴某明在某集团有限责任公司发出《不在岗人员限期清理通知书》后，没有按要求在规定期限内返回单位报到，某集团有限责任公司以吴某明该行为严重违反其规章制度为由解除双方之间的劳动合同。进而言之，即便吴某明认为自己已经不能胜任驾驶员岗位工作，但在其就岗位调整事宜未能与集团公司协商一致的情况下，作为集团公司员工其也应该遵守规章制度，返回集团公司报到、继续协商并接受培训安排。由于吴某明未能举证证明其接到《不在岗人员限期清理通知书》后及时返回公交集团报到，二审认定吴某明关集团公司应继续履行劳动合同的主张没有事实和法律依据并无不当，集团公司解除与吴某明的劳动合同合法，吴某明的该项再审申请事由不能成立，法院不予支持。

地域：山东省

文件名称/案例名称

张某与山东某工程集团有限公司劳动争议二审民事判决书

主要内容/观点

张某不满工作岗位的调整而缺勤，该行为是否构成严重违纪取决于某工程公司调整工作岗位的合法性。对于张某而言，从其自身发展需要、劳动报酬的获得与付出进行综合利益衡量分析，工作地点发生变动、工资报酬由多变少属于劳动合同的重大变更，对其劳动合同履行已经造成实质影响。张某在此期间反映问题、与单位人员谈话以及自行返回的事实能够印证双方并未就劳动合同的变更达成一致。某工程公司自行调整张某工作岗位不具有合法性。因此，张某并非自身原因导致缺勤，某工程公司以张某旷工为由与其解除劳动合同违法。

地域：安徽省

文件名称/案例名称一

上海某药业有限公司与江某劳动争议二审民事判决书

主要内容/观点

某药业公司与江某签订的《劳动合同》第四条虽约定公司有权调换江某的岗位，但用人单位行使调岗权应当符合公平合理的原则。上诉人主张江某长期旷工，不能胜任销售工作，但其提交的江某旷工的证据系第三方出具，其是否真实有效不得而知，亦未得到本案当事人的认可；某药业公司也未提交其他证据证明江某不能胜任原来的工作岗位，故某药业公司解除与江某的劳动合同无充分的依据，原判认定某药业公司支付解除劳动合同经济补偿金并无不当。

文件名称/案例名称二

合肥某物业管理有限公司与李某劳动争议一审民事判决书

主要内容/观点

用人单位与劳动者协商一致可以变更劳动合同约定的内容。岗位变更属劳动合同内容的变更，除依照劳动合同约定或法律规定，用人单位应当与劳动者协商一致。本案中，原告某物业公司在未与被告李某协商一致的情况下，于2015年3月12日单方提出对其进行调岗，为李某所拒绝，这最终导致双方劳动关系在劳动合同期满前提前终止。考虑到用人单位对其员工存在管理职责，其若不能举证证明劳动者单方解约，又无法证明其履行了告知劳动者返回单位上班及旷工的法律后果的管理职责，应当承担举证不能的法律后果。故本案中，应当认定为用人单位提出并解除与劳动者的劳动关系。被告李某向原告某物业公司主张2005年9月至2015年3月期间的经济补偿金17700元（1770元/月×10个月），符合法律规定，法院予以支持。

补充说明

案例一中某药业公司单方调岗，江某停止工作，某药业公司以江某旷工违反工作纪律为由解除劳动合同。法院认为用人单位行使调岗权应当符合公平合理的原则，不得滥用调岗权，某药业公司解除与江某的劳动合同无充分的依据，因此判令某药业公司应当支付江某解除劳动合同的经济补偿金。

案例二中某物业公司单方调岗，李某拒绝并不再到单位上班，导致劳动关系终止，因某物业公司无法证明其履行了告知李某返回单位上班及旷工的法律后果的管理职责，故认定为是某物业公司提出并解除与李某的劳动关系。法院以某物业公司单方解除合同为由判令其支付李某经济补偿金。

地域：山西省

文件名称/案例名称

程某与中国邮政集团公司山西省某分公司等劳动合同纠纷一审民事判决书

主要内容/观点

《劳动合同法》第三十九条规定了用人单位单方无条件解除劳动合同的情形，第四十三条规定了用人单位单方解除劳动合同，应当事先将理由通知工会的程序性事项。本案中，用工单位邮政某分公司单方违法调岗在先，且对其提供的考勤表无程某签名，程某又拒绝认可，无当事人签名确认的考勤内容，真实性无法证实。程某未正常出勤到岗的行为，不应认定为无故旷工。另外，邮政某分公司、某公司未能证明其单位规章制度经民主程序制定并已公示或告知劳动者，且未能证明解除岗位合同和劳动合同已通知工会组织，征求工会组织的意见，属程序违法，应承担相应的赔偿责任。

补充说明

《劳动合同法》第三十五条规定，用人单位或用工单位如变更劳动者的工作岗位、工资待遇的，应与劳动者协商一致。即使用人单位和用工单位行使企业用工自主权，也必须符合法律规定和合同约定，不得随意扩大适用。用人单位或用工单位通过内部规定或"末位淘汰"等形式在未与劳动者协商一致的情况下，无正当理由单方调岗致使劳动者薪酬明显下降，且未证明劳动者不能胜任原岗位工作以及单方调岗的必要性和合理性的，应认定为违法调岗。

地域：云南省

文件名称/案例名称一

昆明某铣床厂股份有限公司与杨某某劳动合同纠纷案

主要内容/观点

《劳动合同法》第四十条规定："有下列情形之一的，用人单位提前三十日以书面形式通知劳动者本人或者额外支付劳动者一个月工资后，可以解除劳动合同：……（三）劳动合同订立时所依据的客观情况发生重大变化，致使劳动合同无法履行，经用人单位与劳动者协商，未能就变更劳动合同内容达成协议的。"本案中，上诉人生产车间从昆明市北郊落索坡搬迁至安宁市，被上诉人亦陈述工作地点变更导致其离家较远，双方未能就合同实际履行地协商达成一致，一审法院认定该情形属于上述法律规定的"劳动合同订立时所依据的客观情况发生重大变化"并无不当，现上诉人提交的证据并不足以证实其已经提前三十日以书面形式通知被上诉人本人解除劳动合同，上诉人主张被上诉人存在旷工的观点证据不足。

文件名称/案例名称二

云南某房地产开发经营有限公司与何某劳动争议案

主要内容/观点

双方在劳动合同中第二条中明确约定“被告的工作的工作地点为安宁市、昆明市，其他要求详见‘十一’条的规定”，“十一”条中明确约定：“被告同意其工作地点包括原告的住所地、原告或某地产集团有限公司投资的企业所在地、原告或某地产集团有限公司投资企业项目所在地，被告亦同意服从原告或某地产集团有限公司根据工资需要对其进行工作岗位、工作地点以及相应工资标准的调整。”根据双方合同中“被告同意在未办理请假手续或解除或终止劳动合同手续等的情况下连续旷工达五个工作日，即视为被告严重违纪导致双方劳动合同的解除，原告不需支付任何经济补偿且有权追究被告因此给原告造成的一切损失”等约定，本案中原告通知被告于 2015 年 12 月 28 日视为自动离职，符合双方的约定，原告并没有违法解除双方劳动关系，故原告无需支付被告赔偿金。

补充说明

本案中，公司在合同中约定了变更工作地点、工作岗位的情况以及连续旷工几天视为自动离职。

文件名称/案例名称三

邓某与某市机动车辆安全技术检测中心劳动合同纠纷案

主要内容/观点

《民事诉讼法》第六十四条第一款：“当事人对自己提出的主张，有责任提供证据。”《最高人民法院关于适用的解释》第九十条第一款：“当事人对自己提出的诉讼请求所依据的事实或者反驳对方诉讼请求所依据的事实，应当提供证据加以证明，但法律另有规定的除外。”经审查，邓某与车辆检测中心 2016 年 1 月 1 日签订的劳动合同中明确约定邓某的岗位为机动车检验及辅助岗位，工作地点为玉溪市各县区及乡镇，邓某必须服从中心安排下县区及乡镇进行检车的工作，合同经双方签字确认。因车辆检测中心新平站需持有 A2 驾照的员工，车辆检测中心在 2017 年上半年下县工作安排中将邓某调整至新平戛洒站工作，并下发《关于车检中心调整杨原程等部分人员工作岗位的通知》。根据双方签订的劳动合同，车辆检测中心调整邓某岗位属于符合合同约定的行为，并无不当。2017 年 1 月 3 日邓某到团山站上班而未按通知的要求到戛洒站上班。当天经中心工作人员告知其应该到戛洒站上班，但邓某仍然拒绝到戛洒站上班。车辆检测中心依据经由包括邓某在内的员工阅读后签字确认的《某市机动车辆安全技术检测中心管理制度》中考勤制度第四条第二项“员工旷工 1 天给予开除解除劳动合同”的规定，单方解除劳动合同的行为及程序符合法律规定，并无不当，车辆检测中心无需向邓某支付经济赔偿金。

文件名称/案例名称四

云南某生态环境科技股份有限公司与字某劳动合同纠纷案

主要内容/观点

《劳动合同法》第三十五条第一款规定，用人单位与劳动者协商一致，可以变更劳动合同约定的内容。变更劳动合同，应当采用书面形式。第八十七条规定，用人单位违反本法规定解除或者终止劳动合同的，应当依照本法第四十七条规定的经济补偿标准的二倍向劳动者支付赔偿金。经审查，上诉人虽主张其与被上诉人解除劳动关系是因为被上诉人旷工 48 天，严重违反公司规定的劳动纪律，但对此上诉人并未举证证明被上诉人现不胜任休假前的财务管理工作岗位以及其变更被上诉人的工作岗位经过与被上诉人协商并达成一致意见，同时亦不能举证证明待岗方式为被上诉人每日到公司行政人事部门报到，故在被上诉人处于待岗状态的情况下，上诉人以其旷工严重违反公司规定的劳动纪律为由解除双方之间的劳动关系于法无据，依法应向被上诉人支付赔偿金。

文件名称/案例名称五

云南某集团有限公司与彭某劳动争议案

主要内容/观点

《劳动合同法》第三十五条第一款规定，用人单位与劳动者协商一致，可以变更劳动合同约定的内容。变更劳动合同，应当采用书面形式。经审查，上诉人在通知被上诉人调岗时并没有明确被上诉人的薪酬待遇，且上诉人在审理中陈述被上诉人调岗后的薪酬根据某农业公司的标准确定，由某农业公司发放，实际工作地点在某农业公司，依照上诉人的陈述进行分析，其对被上诉人做出的调岗决定，不仅仅是对上诉人与被上诉人之间劳动合同约定内容的变更——对合同的相对方进行变更，将用工主体变更为另一具有独立法人资格的某农业公司，而且没有明确被上诉人可享受的薪酬待遇，鉴于被上诉人已经明确表示不同意上诉人做出的调整，故上诉人作为用人单位做出《云南省用人单位终止（解除）劳动合同通知书》解除与被上诉人之间的劳动关系系违法解除，因用人单位提交的证据不足以证明其解除与劳动者的劳动关系符合法律规定的用人单位可以解除劳动关系的法定情形，用人单位违法解除劳动关系，应按照《劳动合同法》第八十七条及第四十七条的规定向劳动者支付违法解除劳动关系的赔偿金。

地域：天津市

文件名称/案例名称

杨某与天津某生活超市有限公司劳动合同纠纷二审民事判决书

主要内容/观点

某生活超市有限公司在未与劳动者就劳动合同约定的岗位变更达成一致，且劳动者已就此提出异议并依然到原岗位工作的情况下，以劳动者未到新岗位工作即视为旷工为由与杨某解除劳动合同，显系违法解除，侵害了劳动者权益，一审法院认定由公司支付违法解除经济赔偿金，结合劳动者的工作年限及已查明的工资收入，依法核算了赔偿金数额，处理并无不当。

地域：江苏省

文件名称/案例名称

凌某某与常州某塑业有限公司劳动合同纠纷二审民事判决书

主要内容/观点

根据《劳动合同法》的相关规定，用人单位有权在一定条件下合理调动劳动者的工作岗位，如经双方当事人协商一致，劳动者患病或者非因工负伤，在规定的医疗期满后不能从事原工作，劳动者不能胜任工作等，同时用人单位根据自身经营需要可合理调整劳动者的工作岗位和薪酬标准，但不能滥用权利损害劳动者利益。用人单位实施合法的调岗调薪应满足两方面要求：（1）双方劳动合同或规章制度有关于调整工作岗位以及薪酬的约定或规定。（2）岗位与薪酬调整应当具有合理性；双方对岗位与薪酬调整发生争议的，用人单位应对调整劳动者工作内容和薪酬的合法性和合理性承担举证责任。本案中，被上诉人某塑业公司在生产不足的情况下，无法安排上诉人凌某某等劳动者正常工作，可采取放假等措施，并依法支付非因劳动者原因停工停产期间的生活费；亦可按照《劳动合同法》第四十条第（三）项的规定与上诉人凌某某协商变更劳动合同内容，或在协商未成的情况下解除劳动合同，但需支付经济补偿金；如符合法定的裁员条件，亦可通过裁员的规定处理富余劳动者问题。但 2013 年 10 月 3 日被上诉人某塑业公司向上诉人凌某某发出书面通知，强令调动上诉人凌某某到“绿化队负责全厂的绿化清洁工作”，从人事调令单中不能判断出被上诉人某塑业公司主张的该工作仅仅是临时性的工作安排，而且该调令单还明确注明工资待遇为“工资 1480 元/月，不包食宿”，也看不出该调令单仅仅是临时性的文件，且被上诉人对于工资标准进行了大幅度的降低。故此，被上诉人某塑业公司调岗调薪的行为违反合理性原则，也不符合法律规定，上诉人凌某某未按公司通知到绿化队工作有充分理由，被上诉人某塑业公司以上诉人凌某某拒绝到绿化队工作为由解除劳动合同属于违法解除劳动合同，应按《劳动合同法》第八十七条规定承担违法解除劳动合同的法律责任，即按经济补偿金的两倍支付赔偿金。

难点十四

劳动合同解除后，劳动者是否有权主张按比例计发年终奖？

根据国家统计局《关于工资总额组成的规定》第四条“工资总额由下列六个部分组成：（一）计时工资；（二）计件工资；（三）奖金；（四）津贴和补贴；（五）加班加点工资；（六）特殊情况下支付的工资”的规定，作为工资总额的组成部分，绝大部分因工资引发的劳动争议案件都涉及年终奖。那么，劳动合同解除后，劳动者是否有权主张按比例计发年终奖？本所律师就此问题检索了北京、上海、四川等全国近 20 个省市法院公开的裁判指导意见、案例，经过整理分析发现，司法实践中各地对该问题存在以下几种认定：

第一，用人单位与劳动者有约定的，按照双方约定处理，若双方无明确约定，则是否支付、向谁支付、支付金额及如何支付等属于用人单位享有企业经营自主权的事项，持这一观点的代表省份或城市有成都市、北京市、河北省、广东省、福建省、湖南省、长沙市、上海市、贵州省、陕西省、湖北省、山西省、山东省、云南省等，该观点是目前司法实践的主流观点。

第二，年终奖是工资的组成部分，在存在年终奖的情况下，劳动合同未到年终解除也应发放对应期间的年终奖，但如果用人单位能够举证证明劳动者不符合发放条件的除外，代表省市为重庆市、安徽省等。

第三，用人单位依法制定的规章制度明确规定了发放年终奖时劳动合同已经解除或终止，认定该规章制度合法，员工要求支付年终奖一般不予支持，但劳动合同解除系用人单位违法解除的除外，代表省份为浙江省。

地域：成都市

文件名称/案例名称

胡某与成都某科技股份有限公司劳动争议二审民事判决书

主要内容/观点

一审法院认为，在胡某与成都某科技股份有限公司之间并未约定年终奖的计算办法，且双方没有明确约定的情况下，年终奖属于企业自主决定的事项，故在胡某并无证据证明其应在2017年1至8月享有年终奖16049元的情况下，一审法院对胡某的该项主张不予支持。

二审法院认为，关于2017年1至8月的年终奖。胡某上诉称，年终奖属于其工资组成部分，其主要依据在于国家统计局《关于工资总额组成的规定》第四条规定。但从本案双方提交的《劳动合同》第五条第二项、《员工手册》第4.4.1来看，年终奖需根据成都某科技股份有限公司司经营业绩和员工工资业绩、年终考核情况进行确定。现胡某无证据证明其符合年终奖领取条件，故对胡某主张年终奖的诉请，法院不予支持。

补充说明

在用人单位与劳动者对年终奖、年终奖的支付条件或计算方法无明确约定的情形下，年终奖如何发放、向谁发放属于用人单位经营自主管理权的范畴；在用人单位与劳动者对年终奖的支付条件或计算方法有明确约定的情形下，劳动者应举证（工资表、员工手册等）证明其符合年终奖领取条件，否则应承担举证不能的责任。

地域：北京市

文件名称/案例名称

北京某房地产开发有限公司与侯某劳动争议案

主要内容/观点

双方对于应发奖金数额存在争议。侯某一审中提交的薪资结构明细表，载明侯某的年终奖金及季度奖金数额。公司主张奖金根据公司业绩及员工工作表现发放，并提交了公司绩效管理办法等文件，但侯某对上述制度均不认可，且公司提交的证据均不足以证明其曾向侯某告知送达过相关管理制度，法院对公司的该项意见无法采纳。根据现有证据及查明情况，公司确按照薪资结构明细表发放过工资及奖金，一审法院采信薪资结构明细表并无不当。对于公司向侯某实际发放的奖金数额，公司亦未能举证证明其计算标准及方式，一审法院按照薪资结构明细表所载数额计算2014年度至2017年9月年终奖金及季度奖金差额，亦无不当，法院予以确认。

补充说明

（1）看公司有无关于年终奖的规定、约定，审查年终奖发放的前提、考核发放依据；（2）若无发放依据，则多数案例不予支持；若有依据，则根据相关依据；（3）结合年终奖发放的前提、考核的依据，有根据员工在职时间按比例折算的判例。

地域：河北省

文件名称/案例名称

李某与某健康管理有限公司劳动争议案

主要内容/观点

原、被告双方在《薪酬福利协议》中约定“乙方为甲方提供劳动服务未满一个财务年度就离开公司的，甲方将不支付乙方奖金”，故对原告要求被告支付2016年度年终奖的诉讼请求，法院不予支持。

补充说明

主要看公司的相关规定及与劳动者之间的约定。

地域：广东省

文件名称/案例名称

深圳某高新科技公司与祁某劳动合同纠纷二审民事判决书

主要内容/观点

关于年终奖，法院认为，根据双方劳动合同约定，劳动者完成合理绩效指标支付年终奖100000元，年终奖按完成比例予以发放，因祁某已完成约定融资3000万元的考核指标，故祁某主张深圳某高新科技公司应向其支付2015年9月1日至2016年7月31日期间的年终奖91666.67元，并无不妥，法院予以支持。

补充说明

双方劳动合同中约定，完成合理绩效指标支付年终奖 100000 元，年终奖按完成比例予以发放，祁某完成了绩效指标，因此享有部分比例的年终奖。

地域：福建省

文件名称/案例名称

王某与厦门某建筑公司劳动争议一审民事判决书

主要内容/观点

原告没有提交任何证据证明双方之间存在关于年终奖的约定或被告处有相应的规定，根据"谁主张，谁举证"的原则，原告应当对此举证，现原告未能举证，被告也不予认可，故原告应承担举证不能的不利后果。根据现行的劳动法律法规的相关规定，年终奖金作为奖金的一种，并非劳动者工资的必然组成部分，年终奖金的发放应属于用人单位企业内部的管理范畴，非劳动法律法规强制性要求的调整范畴，是否发放、发放范围及发放标准等事务用人单位都可以自主决定。因此，原告要求被告支付年终奖金的请求，依据不足，法院不予支持。

补充说明

劳动合同、规章制度中没有明确写明年终奖的发放方式、范围等内容的，法院对年终奖一般不予支持。

地域：湖南省

文件名称/案例名称一

于某与长沙某巴士公司劳动争议案

主要内容/观点

用人单位应当依照劳动合同约定和国家规定，向劳动者及时足额支付劳动报酬。《长沙某巴士公司 2014 年年终奖标准》规定：车队队长年发放标准为 5000 元/年，416.7 元/月，员工上班时间不足一年的按其实际上班时间发放年终奖。长沙某巴士公司对在职在岗的员工发放了 2014 年的年终奖，而长沙某巴士公司于 2014 年 11 月 12 日与于某解除劳动合同，其应按照相应的工作时间发放于某 2014 年的年终奖。长沙某巴士公司主张不支付于某 2014 年年终奖，但长沙某巴士公司对此并未提交合法有效的证据证明于某不符合发放 2014 年年终奖的条件，故法院对长沙某巴士公司的主张不予支持。因于某在 2014 年 11 月 12 日前任车队队长，故长沙某巴士公司应参照《长沙某巴士公司 2014 年年终奖标准》的规定支付于某 2014 年年终奖 4319.8 元 [（416.7 元/月×10 个月）＋（416.7 元/月÷30 天×11 天）]，于某仅主张 4315 元，应视为其自行处分其民事权利，法院予以确认。

文件名称/案例名称二

陈某与郴州某孵化器公司劳动争议案

主要内容/观点

双方签订的劳动合同明确约定陈某工作满一年享受公司年终奖，现陈某在郴州某孵化器公司工作时间不足一年，不符合合同约定的享有年终奖的条件，该项诉请与合同约定不符，法院不予支持。

地域：长沙市

文件名称/案例名称

傅某与湖南某物业公司劳动争议案

主要内容/观点

2017 年傅某并未在湖南某物业公司处工作满 12 个月，且双方并未在劳动合同中就年终奖事宜进行约定。湖南某物业公司员工手册记载：“本公司将会根据经营、盈利情况，经董事会批准决定年终奖奖金发放与否及发放标准，具体发放范围和发放办法届时由公司制定相应的细则。”根据日常生活经营法则，年终奖应当在年末根据公司经营状况决定，且向哪些人员发放，发放多少，公司有自主决定权。傅某离职时间为 2017 年 9 月，此时公司对年终奖如何发放显然无法确定，故对于傅某的该项主张，一审法院不予支持。

地域：上海市

文件名称/案例名称

陶某诉上海某股份有限公司劳动合同纠纷一案二审民事判决书

主要内容/观点

法院认为，根据陶某在上述辞职申请中的措辞，其对于公司有关于薪酬福利结算的规章制度是知晓的。即便果如陶某所言，其不知道存在该规定，原审法院在双方就年终奖发放条件及金额未做明确约定的情况下，认定上海某股份有限公司以陶某因个人原因辞职未工作满整年为由不同意支付年终奖并无不当，也并无不妥，本院予以支持。原审法院认定陶某未举证证明上海某股份有限公司存在有关辞职仍可折算年终奖的规章制度，故陶某主张 2013 年年终奖缺乏依据，亦无不妥，法院亦予以支持。陶某主张上海某股份有限公司向与其情况相同的其他年终离职员工发放了年终奖，但未能提供证据证明，因此对陶某的该理由，法院不予采纳。

地域：浙江省

文件名称/案例名称一

陈某与杭州某物业管理有限公司劳动争议二审民事判决书

主要内容/观点

法院认为，杭州某物业管理有限公司薪酬管理制度虽然规定年终离职的员工不享受年终奖，但本案中陈某之离职系因杭州某物业管理有限公司违法解除，非陈某个人原因所致，杭州某物业管理有限公司仍应支付陈某 2016 年 1 至 11 月的年终奖 3483.33 元。

文件名称/案例名称二

《浙江省高级人民法院民事审判第一庭、浙江省劳动人事争议仲裁院关于审理劳动争议案件若干问题的解答（四）》

主要内容/观点

用人单位依法制定的规章制度规定，在发放年度绩效奖金时双方已解除或终止劳动合同的，不予发放年度绩效奖金。该规定是否有效?

答：该规章制度未违反法律、法规的强制性规定，应属合法有效。在发放年度绩效奖金时双方已解除或终止劳动合同，劳动者请求用人单位支付年度绩效奖金的，法院一般不予支持。

地域：贵州省

文件名称/案例名称一

贵州某商业公司与向某劳动争议二审民事判决书

主要内容/观点

根据原、被告双方签订的《劳动合同》，绩效年薪每季度发放一次，根据其工作管理职责及任务计划……考核评价结果进行核发，每季度核发总额不超过 10 万元。于每季度结束后 15 日内根据本合同和绩效考核办法的考核结果并支付。如在合同期内，向某未在规定时间内完成本季度计划任务指标的，绩效年薪不予发放。本案被告向某未提供证据证明其 2014 年 8 月至 2015 年 6 月三个季度其在原告公司工作的考核结果，故对绩效年薪法院不予支持。年终奖因被告在原告公司未完成一个年度的工作，故法院不予支持。

文件名称/案例名称二

马某与贵州某啤酒公司劳动争议二审民事判决书

主要内容/观点

根据被上诉人制定的《2015 年度员工年终奖金评定办法》的规定“12 月 31 日前离职的，取消年终奖”，上诉人于 2015 年 12 月 18 日离开被上诉人公司，上诉人要求被上诉人发放 2015 年年终奖 2800 元的上诉请求，法院应不予支持。

补充说明

年终奖的发放应由企业规章进行约定而非由法律予以强制规定，因此用人单位的规章中规定了劳动者可以获得年终奖或者根据时间按比例获取年终奖的，法院应予以认可；如果反之，则不能。

地域：陕西省

文件名称/案例名称一

朱某某与陕西曲江某际饭店有限公司劳动争议一审民事判决书

主要内容/观点

原告主张被告支付 2015 年度的年终奖 13000 元，因年终奖是否发放以及具体发放金额均由用人单位自主决定，并非由法律强制规定，故对原告的该项主张法院依法不予支持。

文件名称/案例名称二

耿某某与陕西某云电器集团有限公司劳动争议纠纷二审民事判决书

主要内容/观点

原告主张被告支付 2015 年 5 月 18 日至 2015 年 8 月 26 日年终奖 4500 元。法院认为，职工年度效益薪资发放方式、办法的制定和决定是企业经营自主权的体现，不属于法律调整范围，故对原告该项主张不予支持。

补充说明

年终奖的发放方式、办法的制定和决定都是企业经营管理自主权的内容，公司有关年终奖的规定、约定，法院就审查年终奖发放的前提、考核发放依据；若无发放依据，则不予支持。

地域：重庆市

文件名称/案例名称

《重庆市高院等六部门关于劳动争议案件法律适用问题专题座谈会纪要（二）》

主要内容/观点

用人单位将劳动者劳动报酬的一部分予以提留，并在年终时作为年终奖向劳动者发放的，如果劳动合同未到年终而解除，用人单位应当向劳动者发放对应期间的年终奖。劳动合同中明确约定劳动者完成一定工作任务或者符合一定条件，用人单位在年终向劳动者另行支付一定数额的年终奖的，如果劳动合同未到年终而解除，人民法院经审查认定劳动者未完成约定的工作任务，或者年终奖的发放条件不成立的，对劳动者要求用人单位支付年终奖的请求不予支持。

补充说明

重庆地区已经有统一裁判意见。

地域：湖北省

文件名称/案例名称一

范某飞与湖北某传媒有限公司劳动合同纠纷二审民事判决书

主要内容/观点

关于 2015 年度年终奖问题。年终奖虽是薪酬的形式之一，但并不是薪酬的必备项目，国家并不强制用人单位必须给员工发放年终奖，因此，年终奖的发放可依据劳动合同、集体合同的约定或者规章制度的规定来确定，用人单位根据自身的实际情况决定年终奖的发放方式、发放标准与发放时间。本案中，《公司薪酬管理制度》中相关内容涉及年终奖要素，但已明确说明每年根据公司经营的盈利状况，设立年终奖，且已针对年终奖发放标准、资格审核条件、年终考核办法、发放条件均做出相应规定。范某飞提供的上述证据不足以证明其完全、严格符合 2015 年度年终奖的发放条件，且是否予以发放亦属于用人单位根据自身经营状况和效益的自主判断。范某飞亦未举证证明公司存在恶意或仅针对其个人克扣年终奖不予发放的情形，故一审法院对年终奖未予支持，处理并无不当。

文件名称/案例名称二

武汉某人力资源开发有限公司与付某荣经济补偿金纠纷二审民事判决书

主要内容/观点

关于付某荣要求人力资源公司及某铁塔公司向其支付 2016 年 1 月至 2016 年 9 月的年终奖 4000 元的请求，因年终奖的发放属于企业内部管理的自主事项，付某荣此项主张没有事实及法律依据，故法院不予支持。

地域：山西省

文件名称/案例名称一

某精密电子（太原）有限公司与王某劳动争议一、二审民事判决书

主要内容/观点

一审法院认为：

原告以被告打架斗殴违反了公司相关规章制度为由做出解除劳动合同的决定书，而并公（行）复字（2015）000005号行政复议决定书系生效的法律文书，其对被告与石某等人的肢体冲突认定为石某等人对被告进行殴打，而非被告故意打架斗殴。首先，据此可以认定原告是违法解除劳动合同。其次，原告违法解除劳动合同应当支付赔偿金；原告未给付被告2014年的年终奖2000元，年终奖系奖金的一部分，属于劳动者工资的组成部分，原告不应拖欠。原告诉称拒绝支付年终奖系被告打架斗殴违反单位规章制度被其解除，无法进行年终考核，经审理查明其系违法解除劳动合同，也未提交其他证据证明扣发年终奖的依据，故对原告的意见不予采纳。原告应支付被告2014年年终奖2000元。

二审法院认为：

年终奖系奖金的一部分，属于劳动者工资的组成部分，上诉人某精密电子（太原）有限公司不应当无故克扣。原仲裁裁决、判决依据相关政策规定及事实对此做出的认定正确。

补充说明

年终奖系奖金的一部分，属于劳动者工资的组成部分，上诉人某精密电子（太原）有限公司不应当无故克扣。

文件名称/案例名称二

刘某与北京市某瑞士钟表有限责任公司太原新宇某旗舰店劳动争议一审民事判决书

主要内容/观点

被告的《职能部门员工岗位绩效考核工资制度》规定，在公司年度财务状况许可下，年终奖金额以当年月岗位工资为基数，结合员工个人年度绩效考核成绩及集团当年下达公司各项销售指标的完成情况进行核定。原告已于2015年7月14日因严重违纪被解除劳动合同，其请求被告支付原告2015年年终奖4000元的诉讼请求无事实依据，法院不予支持。

补充说明

用人单位对于年终奖金的发放条件和考核标准具有明确规定的，获得法院判决支持。

文件名称/案例名称三

杨某与上海某建设集团有限公司山西分公司劳动争议一审民事判决书

主要内容/观点

被告并未提交相关证据证明原告无故旷工，应当承担举证不能的法律后果，故法院对被告的此辩称不予采信。根据《劳动合同法》第三十条“用人单位应当按照劳动合同约定和国家规定，向劳动者及时足额支付劳动报酬”的规定，被告欠付原告2015年3月份工资及2014年的年终奖，应当按照约定的数额支付原告工资1万元、年终奖金6000元。

补充说明

年终奖属于劳动者工资的组成部分，用人单位应当及时足额向劳动者支付劳动报酬，不应当无故克扣。如用人单位对于年终奖金的发放条件和考核标准有明确规定，法院依法审查单位是否具备拒发年终奖的条件。

地域：云南省

文件名称/案例名称一

王某某与文山某房地产开发有限责任公司追索劳动报酬纠纷案

主要内容/观点

要求被告文山某房地产开发有限责任公司支付2016年的年度奖金因《文山某企业管理规章制度》第七十二页第四项规定："离职人员的工资，按照国家相关劳动法规定发放至离职日，取消当月相应的绩效及年度奖金"，原告王某某于2016年11月17日离职不到公司上班，应取消2016年的年终奖金。

文件名称/案例名称二

丁某某与昆明某水泥有限公司劳动争议案

主要内容/观点

同理，原告2015年仅仅在被告公司工作6天，且双方签订的劳动合同中对年终奖并未做出约定，其主张比照其他公司员工发放9600元年终奖的请求，无事实和法律依据，本院不予以支持。

文件名称/案例名称三

大理某有限公司与胡某因劳动争议纠纷案

主要内容/观点

年终奖属于劳动报酬的组成部分，具有奖励优秀的性质，奖金的计算和发放应当遵循企业的章程规范。大理某有限公司对胡某2013年的个人年终绩效评分为1分，根据大理某有限公司《2013年年终奖金计划》规定，个人年终绩效评分为1分的员工将不享受任何年终奖金，胡某不能享受年终奖金，对胡某请求大理某有限公司支付其年终奖金的诉讼请求，法院不予支持。

文件名称/案例名称四

大理某有限责任公司诉段某某劳动争议纠纷案

主要内容/观点

原告未向被告支付2014年奖金4200元的理由为公司制定关于奖金及相关待遇的规定时被告已被解除劳动合同，但因劳动合同的解除系原告单位违反法律规定做出，侵犯了被告的合法权益，因此原告应当向被告发放2014年的员工奖金4200元，该奖金属于被告2014年的应得工资范围。故原告关于被告不属于发放2014年奖金人员的意见不能成立，法院不予采纳。

文件名称/案例名称五

昆明市某房地产开发有限公司与马某某劳动争议纠纷案

主要内容/观点

被上诉人提出2013年2月5日发放的2012年年终奖9900元，根据我国相关法律法规的规定，奖金亦属于工资的组成部分，该年终奖应计算到2012年的工资收入中。由于被上诉人在申请仲裁时主张的违法解除劳动合同的赔偿金为24686元，根据上述标准计算的赔偿金已经超过了被上诉人主张的赔偿金金额，故法院按照被上诉人主张的金额予以改判。

地域：山东省

文件名称/案例名称一

宋某与某货运（上海）有限公司、中国某国际经济技术合作有限公司上海分公司劳动合同纠纷一审民事判决书

主要内容/观点

原告虽向法庭提供了被告某货运公司于2013年10月发出的《员工手册》，但该《员工手册》在“员工薪酬福利制度”中明确载明，年终奖的计算周期为每年的1月1日至12月31日，年终奖发放当月在职员工，如员工因任何原因在年终奖计算周期之间离开公司的，则不获发年终奖。故原告并不符合应发年终奖的情形，其主张的该项诉讼请求，法院不予支持。

文件名称/案例名称二

原告贺某与被告长沙某投资有限公司劳动争议一审民事判决书

主要内容/观点

根据原告提交的证明，劳动合同中注明被告有年度奖金，且发放时间为第二年3至6月间，被告发给原告2014年的年终奖为税后8116元，2015年原告在被告处工作至11月14日，在被告违法解除劳动合同的情况下，原告应该将2015年的年度奖发给原告，法院结合原告工作时间和被告往年年终奖数额，

酌情认定年终奖为 7000 元。

补充说明

劳动合同解除后，在能证明存在年终奖的前提下，若公司对年终奖发放有合法有效的规章制度，按规章制度执行；若公司内部无相关规定，则可按员工实际工作时间发放。案例一中，公司在《员工手册》中年终奖明确载明：年终奖发放当月在职员工，如员工因任何原因在年终奖计算周期之间离开公司的，则不获发年终奖。法院判决时，按照《员工手册》中载明的情况，未支持宋某主张年终奖的请求。案例二中，公司未有规章制度对年终奖发放做出规定，贺某与某投资公司劳动合同中约定了年度奖金的发放时间。对于贺某主张的年终奖金，法院在某投资公司违法解除劳动合同的情况下，结合贺某工作时间和某投资公司往年年终奖数额，酌情认定了其发放金额。

地域：安徽省

文件名称/案例名称

沈某与安徽某工贸有限公司劳动争议一审民事判决书

主要内容/观点

根据国家统计局《关于工资总额组成的规定》，工资总额包括年终奖，年终奖为工资的一部分。安徽某工贸公司辩称，根据公司管理规定以及社会公认的发放规则，在员工工作到年终且没有离职的情况下，单位根据个人表现和企业效益确定年终奖，年终奖一般为一个月工资。法院认为，安徽某工贸公司并未举证证明沈某不符合年终奖发放的条件，而且，在劳动者已按劳动合同和单位的规定完成自己的工作职责的情况下，用人单位应贯彻同工同酬的原则，按比例支付当年的年终奖。沈某于 2014 年 8 月离职，参照其工资每月 3156 元，2014 年年终奖确定为 2104 元（3156 元/月÷12 个月×8 个月）。

补充说明

劳动合同解除后，在用人单位不能证明员工属于不应发放年终奖的情况下，劳动者有权主张按比例计发年终奖。

地域：天津市

文件名称/案例名称

《天津法院劳动争议案件审理指南》

主要内容/观点

第三十七条　【年终奖发放】用人单位以规章制度、通知、会议纪要等规定有权利领取年终奖的劳动者范围为年终奖实际发放之日仍然在职的劳动者为由，拒绝向考核年度内已经离职的劳动者发放年终奖的，如该年终奖属于劳动报酬性质，劳动者请求给付年终奖的，应予支持。劳动者在年终奖对应的考核年度工作不满一年的，用人单位应当按照劳动者实际工作时间占全年工作时间的比例确定发放年终奖的比例。

难点十五

原劳动部 481 号文件《违反和解除劳动合同的经济补偿办法》废止后，经济补偿金是否分段、分基数计算，如何计算？

原劳动部 481 号文件《违反和解除劳动合同的经济补偿办法》规定了不同情形下用人单位解除劳动合同的经济补偿标准，根据《劳动合同法》第九十七条“本法施行之日存续的劳动合同在本法施行后解除或者终止，依照本法第四十六条规定应当支付经济补偿的，经济补偿年限自本法施行之日起计算；本法施行前按照当时有关规定，用人单位应当向劳动者支付经济补偿的，按照当时有关规定执行”的规定，经济补偿金以《劳动合同法》施行日为界，实行分段计算。2017 年，原劳动部 481 号文件废止，针对该文件废止后经济补偿金如何计算问题，本所律师通过检索，得出如下结论：

第一，主流观点为分段计算，按照《劳动合同法》第九十七条规定实行分段计算，工作年限跨越 2008 年 1 月 1 日的，对于 2008 年 1 月 1 日之前的经济补偿金计算按照当时的有关规定进行，之后的部分按照《劳动合同法》规定的方式计算，代表省份或城市有：成都市、河北省、福建省、上海市、贵州省、重庆市、湖北省、山西省、山东省、天津市、江苏省等。

第二，所有工作年限统一按照《劳动合同法》规定的计算方式计算，不再使用原劳动部 481 号文件规定的标准，代表省份有广东省、湖南省、浙江省、安徽省。

检索发现，部分省份在计算《劳动合同法》颁布前的经济补偿金时，仍以原劳动部 481 号文件有关规定为标准，但在制作裁决书时不再提及原劳动部 481 号文件，而直接表述为“依据《劳动合同法》第九十七条第三款的规定，如北京市、陕西省”。

地域：成都市

文件名称/案例名称一

成都某广告有限公司与邓某劳动争议二审民事判决书

主要内容/观点

邓某在成都某广告有限公司处工作的时间跨越了《劳动合同法》颁布实施前后，《劳动合同法》第九十七条第三款规定："本法施行之日存续的劳动合同在本法施行后解除或者终止，依照本法第四十六条规定应当支付经济补偿的，经济补偿年限自本法施行之日起计算；本法施行前按照当时有关规定，用人单位应当向劳动者支付经济补偿的，按照当时有关规定执行。"依据《违反和解除劳动合同的经济补偿办法》第五条和《劳动合同法》第四十七条的规定，邓某应得经济补偿的计算年限为10年，应得经济补偿金为93770元（9377元×10个月）。

文件名称/案例名称二

廖某与成都某集团有限公司修理合同纠纷二审民事判决书

主要内容/观点

廖某虽从1989年入职案涉企业工作，但企业在1998年3月31日的改制中已向廖某支付了安置费（或经济补偿金），则廖某在改制后的股份制企业的工龄应从1998年4月1日起算，故一审判决结合上述实际，依法认定廖某经济补偿金的计算年限为20年亦无不当。关于单位应当支付廖某经济补偿金的月工资计算基数问题。根据劳动法律规定，上述月工资是指劳动者在劳动合同解除或者终止前十二个月的平均工资。基于以上分析，双方当事人于2017年10月1日解除劳动合同，则计算经济补偿金的月工资基数应为2016年10月至2017年9月期间月平均工资。一审根据廖某在2016年10月至2017年5月期间领取工资情况，以及廖某因在2017年6月至2017年9月未向单位提供劳动，单位就此制作的工资表显示每月向其发放基本生活费1500元等实际，计算廖某在上述期间应得月平均工资为5076元并无不当。因此，一审判决综合本案情况，认定单位应当向廖某支付经济补偿金101520元并无不当，法院予以支持。

文件名称/案例名称三

刘某与成都某投资管理集团有限责任公司劳动争议二审民事判决书

主要内容/观点

根据《劳动合同法》第四十六条“有下列情形之一的，用人单位应当向劳动者支付经济补偿：……（三）用人单位依照本法第四十条规定解除劳动合同的；……”之规定，成都某投资管理集团依照《劳动合同法》第四十条第三款的规定解除与刘某的劳动合同，应当向刘某支付经济补偿金。法院认定刘某于1994年1月入职。根据《劳动合同法》第九十七条第三款规定“本法施行之日存续的劳动合同在本法施行后解除或者终止，依照本法第四十六条规定应当支付经济补偿的，经济补偿年限自本法施行之日起计算；本法施行前按照当时有关规定，用人单位应当向劳动者支付经济补偿的，按照当时有关规定执行”，《劳动合同法》于2008年1月1日起施行，刘某于1994年1月与干道指挥部建立劳动关系，刘某于1994年1月至2007年12月31日止的经济补偿金应当按当时的有关规定执行。

地域：北京市

文件名称/案例名称

《关于〈违反和解除劳动合同的经济补偿办法〉（劳部发〔1994〕481）被废止后劳动争议处理若干问题的意见》

主要内容/观点

《劳动合同法》第九十七条第三款规定，本法施行之日存续的劳动合同在本法施行后解除或者终止，依照本法第四十六条规定应当支付经济补偿的，经济补偿年限自本法施行之日起计算；本法施行前按照当时有关规定，用人单位应当向劳动者支付经济补偿的，按照当时有关规定执行。该条款是以法律的形式，确认了在《劳动合同法》实施前计算解除劳动合同经济补偿金的方法，且在1995年1月1日开始实施的《劳动法》中也有解除劳动合同需要支付经济补偿金的规定。因此在《违反和解除劳动合同的经济补偿办法》（劳部发〔1994〕481）被废止后，对于在《劳动合同法》颁布前入职的劳动者解除劳动合同经济补偿金的计算，仍应依法以481号文有关规定为标准，但在制作裁决书时不再提及481号文，而直接表述为“依据《劳动合同法》第九十七条第三款的规定”。

地域：河北省

文件名称/案例名称一

张某与衡水某工程总公司劳动争议案

主要内容/观点

根据《劳动合同法》第四十六条的规定，用人单位依照本法第三十六条规定向劳动者提出解除劳动合同并与劳动者协商一致解除劳动合同的，应当向劳动者支付经济补偿金。被告要求与原告解除劳动合同，原告同意与被告解除劳动合同，并要求被告给付解除劳动合同经济补偿金，有据可依，法院予以支持。但根据《劳动合同法》第九十七条第三款的规定，原告的经济补偿金应分段计算。2008年1月1日（《劳动合同法》实施之日）之前的经济补偿金应依据《违反和解除劳动合同的经济补偿办法》第五条、第十一条的规定计算，但原、被告双方均未举证证明2008年1月1日前十二个月被告的平均工资，法院酌情依据2007年衡水市最低工资标准540元计算被告应支付原告的经济补偿金（4年），经计算为2160元。2008年1月1日至2017年11月期间，被告应支付原告的经济补偿金应依据《劳动合同法》第四十六、第四十七条的规定计算，因原告的工资低于衡水市最低工资标准，原告的经济补偿金数额应按2017年11月衡水市最低工资标准1590元计算10年，计15900元。上述两期间的经济补偿数额总计为18060元。

文件名称/案例名称二

李某与邯郸市某汽车运输公司劳动争议案

主要内容/观点

鉴于原告工作年限跨越2008年1月1日《劳动合同法》施行前后，依据《劳动合同法》第九十七条第三款规定，对其的经济补偿金应分段计算。

地域：广东省

文件名称/案例名称一

《广东省高级人民法院 广东省劳动人事争议仲裁委员会关于审理劳动人事争议案件若干问题的座谈会纪要》

主要内容/观点

第三十一条　用人单位支付劳动者解除或终止劳动合同经济补偿或赔偿金时，经济补偿或赔偿金的基数为劳动者在劳动合同解除或者终止前十二个月的平均工资，不再以《劳动合同法》施行之日为界分段计算。劳动者月工资高于用人单位所在地上年度职工月平均工资三倍的，经济补偿或赔偿金的基数按用人单位所在地上年度职工月平均工资的三倍计算。

第三十二条　劳动关系建立于《劳动合同法》实施以前，但在《劳动合同法》实施后解除或终止的，经济补偿按以下方式计算：

（一）按《劳动合同法》实施以前的有关规定，用人单位无需支付经济补偿的，劳动者工作年限自《劳动合同法》实施之日起计算。

（二）按《劳动合同法》实施前后的有关规定，用人单位均需支付经济补偿的，劳动者的工作年限自用工之日起计算。用人单位与劳动者协商一致解除劳动合同或因劳动者不能胜任工作、经培训及调整岗位仍不能胜任工作为由解除劳动合同的，劳动者在《劳动合同法》实施以前计发经济补偿的工作年限最多不超过12年。劳动者月工资高于用人单位所在地上年度职工月平均工资的三倍，非因协商一致或劳动者不能胜任工作为由解除劳动合同的，劳动者在《劳动合同法》实施以前计发经济补偿的工作年限自用工之日起计算，不受最多不超过12年的限制。

文件名称/案例名称二

麦某与江门某胶粘公司与广东某胶粘公司劳动合同纠纷一审民事判决书

主要内容/观点

原告以被告江门某胶粘公司未提供劳动条件为由请求被告江门某胶粘公司支付经济补偿金，符合《劳动合同法》第三十八条第一款第（一）项“用人单位有下列情形之一的，劳动者可以解除劳动合同：（一）未按照劳动合同约定提供劳动保护或者劳动条件的；（二）……”、《最高人民法院关于审理劳动争议案件适用法律若干问题的解释》第十五条第（二）项“用人单位由下列情形之一，迫使劳动者提出解除劳动合同的，用人单位应当支付劳动者的劳动报酬和经济补偿，并可支付赔偿金：……（二）未按照劳动合同约定支付劳动报酬或者提供劳动条件的；……”和《中华人民共和国劳动合同法》第四十六条第（一）项“有下列情形之一的，用人单位应当向劳动者支付经济补偿：（一）劳动者依照本法第三十八条规定解除劳动合同的；……”的规定，被告江门某胶粘公司应向原告支付经济补偿。原告自 2006 年 12 月入职被告江门某胶粘公司处至 2015 年 8 月 31 日连续工作了 8 年 9 个月，依照《中华人民共和国劳动合同法》第四十七条“经济补偿按劳动者在本单位工作的年限，每满一年支付一个月工资的标准向劳动者支付。六个月以上不满一年的，按一年计算；不满六个月的，向劳动者支付半个月工资的经济补偿。劳动者月工资高于用人单位所在直辖市、设区的市级人民政府公布的本地区上年度职工月平均工资三倍的，向其支付经济补偿的标准按职工月平均工资三倍的数额支付，向其支付经济补偿的年限最高不超过十二年。本条所称月工资是指劳动者在劳动合同解除或者终止前十二个月的平均工资”的规定，被告江门某胶粘公司应给原告 9 个月的经济补偿。参照《广东省高级人民法院广东省劳动人事争议仲裁委员会关于审理劳动人事争议案件若干问题的座谈会纪要》第三十一条“用人单位支付劳动者解除或者终止劳动合同经济补偿或赔偿金时，经济补偿或赔偿金的基数为劳动者在劳动合同解除或者终止前十二个月的平均工资，不再以《劳动合同法》施行之日为界分段计算。劳动者月工资高于用人单位所在地上年度职工月平均工资三倍的，经济补偿或者赔偿金的基数按用人单位所在地上年度职工月平均工资的三倍计算”的规定，计算原告在 2015 年 1 月至 2015 年 12 月期间的月平均工资时应剔除不具备劳动条件期间的工资，即原告的月平均工资应以 2015 年 1 月至 2015 年 8 月期间的工资来计算，经计算为 2376.16 元［（2252.32 元+2252.32 元+2252.32 元+2500 元+2252.32 元+2500 元+2500 元+2500 元）÷8=2376.16 元］，故江门某胶粘公司应支付给原告的经济补偿为 21385.44 元（2376.16×9=21385.44）。

补充说明

经济补偿金不分段、分基数计算。具体计算标准：经济补偿金，不足半年的按 0.5 个月计算，超过半年不足一年的按 1 个月计算。如果超过社平工资三倍的，则适用双封顶，即不管工资多高、工作时间多长，经济补偿金的基数款项按三倍计算，年限按 12 年计算。

地域：福建省

文件名称/案例名称

原告陈某与被告三明某木业公司劳动争议纠纷一审民事判决书

主要内容/观点

经济补偿金以劳动关系解除为前提。原、被告的劳动关系于 2013 年 1 月解除，原告自此方知道其权利受到损害，因此原告于 2013 年 12 月 21 日申请劳动仲裁，并未超过劳动仲裁时效。被告自 2008 年 10 月后未再向被告提供劳动，被告又未依法与其解除劳动关系，根据按劳取酬、公平公正原则，经济补偿金的计算年限应为原告实际参加工作的年限。原告实际工作至 2008 年 10 月，根据《劳动合同法》第九十七条第三款的规定，经济补偿金在该法前后应分段计算，为 7 个月（6+1）。因经济补偿金的计算标准为劳动者在劳动合同解除或终止前十二个月的平均工资，而原告在劳动合同解除前十二个月并未正常提供劳动，被告也未支付工资，故原告要求按 2013 年度三明市职工月平均工资 3525 元/月标准计算经济补偿金的主张于法无据，经济补偿金可参照 2013 年度三明市最低工资 1050 元/月标准计算。据此，被告应支付原告经济补偿金 7350 元（1050 元/月×7 个月）。

补充说明

经济补偿金应当分段计算。

地域：湖南省

文件名称/案例名称

某机械公司与黄某劳动争议案

主要内容/观点

原告在被告患病治疗病假结束后未安排工作，其病假期间的工资应当按照 2016 年岳阳市最低工资标准 1250 元/月发放。仲裁按照《违反和解除劳动合同的经济补偿办法》第十一条的规定确定按照被告正常工作期间的工资发放计算，因《违反和解除劳动合同的经济补偿办法》已被劳动部废止而于法无据，法院只能依照《劳动合同法》的规定处理。

补充说明

没有检索到湖南省内分段、分基数计算的案例。事实上在《违反和解除劳动合同的经济补偿办法》被废止以前，法院已经根据新法优于旧法，上位法优于下位法原则在经济补偿金方面适用《劳动合同法》的规定。

地域：上海市

文件名称/案例名称

《上海市高级人民法院关于适用〈劳动合同法〉若干问题的意见》

主要内容/观点

第二十一条　关于经济补偿金“分段计算”的问题。根据《劳动合同法》第九十七条的规定，《劳动合同法》施行之日存续的劳动合同，在《劳动合同法》施行后解除或终止的，其经济补偿金的具体计算方法如下：（一）《劳动合同法》与2008年1月1日之前施行的相关法律法规的规定（以下简称“以前规定”）均规定应当支付经济补偿金的情况，且劳动者的月平均工资不高于上年度本市职工月平均工资三倍的，经济补偿金的计算基数按劳动者在劳动合同解除或终止前十二个月的月平均工资确定。（二）《劳动合同法》规定应当支付经济补偿金的情形，且不属于以前规定中“经济补偿金总额不超过劳动者十二个月的工资收入”情形的，经济补偿年限自用工之日起计算。《劳动合同法》规定应当支付经济补偿金的情形，但属于以前规定中“经济补偿金总额不超过劳动者十二个月的工资收入”情形的，劳动者在《劳动合同法》施行前的经济补偿年限按照以前规定计算；劳动者在《劳动合同法》施行后的工作年限在计算经济补偿年限时并入计算。（三）符合《劳动合同法》规定三倍封顶的情形，实施封顶计算经济补偿年限自《劳动合同法》施行之日起计算，《劳动合同法》施行之前的工作年限仍按以前规定的标准计算经济补偿金。（四）根据《劳动合同法实施条例》第二十五条的规定，用人单位违反《劳动合同法》的规定解除或终止劳动合同，依法支付劳动者赔偿金，赔偿金的计算年限自用工之日起计算。如劳动者在劳动合同被违法解除或终止前十二个月的月平均工资高于上年度本市职工月平均工资三倍的，根据《劳动合同法》第八十七条规定，应当按照第四十七条第二款规定的经济补偿标准计算。

地域：浙江省

文件名称/案例名称

《浙江省高级人民法院民事审判第一庭、浙江省劳动人事争议仲裁院关于印发〈关于审理劳动争议案件若干问题的解答（二）〉的通知》

主要内容/观点

第十二条　劳动者月工资高于用人单位所在直辖市、设区的市级人民政府公布的本地区上年度职工月平均工资三倍，其在用人单位的工作时间跨越2008年1月1日，劳动合同在《劳动合同法》施行后解除或者终止，劳动者要求用人单位支付经济补偿的，计算经济补偿的最高年限应如何认定？

答：《劳动合同法》第四十七条第二款规定经济补偿的最高支付年限为十二年。劳动者工作时间跨越《劳动合同法》实施之日，依法计算的工作年限超过十二年的，经济补偿金最多支付12个月工资。

地域：贵州省

文件名称/案例名称一

乔某慧、贵州某投资公司劳动争议再审审查与审判监督民事裁定书

主要内容/观点

《劳动合同法》第九十七条第三款规定："本法施行之日存续的劳动合同在本法施行后解除或者终止，依照本法第四十六条规定应当支付经济补偿的，经济补偿年限自本法施行之日起计算；本法施行前按照当时有关规定，用人单位应当向劳动者支付经济补偿的，按照当时有关规定执行。"故对乔某慧的经济补偿金从2008年1月1日起计算，并无不当。其次，《劳动合同法》于2008年1月1日施行，该法施行之前，对于用人单位违反和解除劳动合同的经济补偿金的支付应适用《劳动法》及参照原劳动部《违反和解除劳动合同的经济补偿办法》的相关规定，但上述法律及部门规章并没有关于终止劳动合同用人单位应支付经济补偿金的规定。《劳动合同法》与之前的做法相比，扩大了经济补偿的范围，即除了用人单位解除劳动合同要给予经济补偿外，对劳动合同终

止也要给予经济补偿。依照法律不溯及既往的原则，对于违法终止劳动合同支付补偿金这一规定，自《劳动合同法》实施后才开始施行。二审判决对 2008 年 1 月 1 之前的经济补偿金未予支持符合法律规定。

补充说明

贵州省高院是认可经济补偿金从 2008 年起分阶段计算的，但是是否支持经济补偿金要看请求的理由在 2008 年前是否属于可以请求经济补偿金的情形。

文件名称/案例名称二

上诉人鄢某与被上诉人某供电局，原审第三人贵州某能源公司、贵阳某物业公司劳动争议纠纷一案

主要内容/观点

《劳动合同法》第九十七条第三款规定：本法施行之日存续的劳动合同在本法施行后解除或者终止，依照本法第四十六条规定应当支付经济补偿的，经济补偿年限自本法施行之日起计算；本法施行前按照当时有关规定，用人单位应当向劳动者支付经济补偿的，按照当时有关规定执行。而《劳动合同法》施行前，没有关于终止劳动合同用人单位应当支付赔偿金的规定。依照法律不溯及既往的原则，《劳动合同法》关于违法终止劳动合同赔偿金的规定，应当自《劳动合同法》施行后才具有法律拘束力。

补充说明

贵阳市中院认同按照 2008 年为时间节点分段计算经济补偿金的观点。

文件名称/案例名称三

贵州某投资公司黔东南分公司与潘某杰劳动争议二审民事判决书

主要内容/观点

《劳动合同法》第四十七条规定："经济补偿按劳动者在本单位工作的年限，每满一年支付一个月工资的标准向劳动者支付。六个月以上不满一年的，按一年计算；不满六个月的，向劳动者支付半个月工资的经济补偿。……本条所称月工资是指劳动者在劳动合同解除或者终止前十二个月的平均工资。"劳动部颁发的（1994）481 号《违反和解除劳动合同的经济补偿办法》第十一条

规定："本办法中经济补偿金的工资计算标准是指企业正常生产情况下劳动者解除合同前十二个月的月平均工资。……"从原告停产和职工放假的情况来看，2013年8月前的生产可视为正常生产，应以2012年8月至2013年7月职工应得工资的平均数为经济补偿金的计算标准。

补充说明

黔东南中院认为应该分段计算，计算标准按照劳动合同解除前一年的平均工资进行计算。

地域：陕西省

文件名称/案例名称一

西安市碑林区某某路街道办事处与邵某某劳动争议二审民事判决书

主要内容/观点

依据《劳动合同法》第三十六条、第四十六条第（二）项规定，某某路街办应当支付邵某某解除劳动关系经济补偿金。《劳动合同法》第九十七条规定，"本法施行之日存续的劳动合同在本法施行后解除或者终止，依照本法第四十六条规定应当支付经济补偿的，经济补偿年限自本法施行之日起计算；本法施行前按照当时有关规定，用人单位应当向劳动者支付经济补偿的，按照当时有关规定执行。"因《劳动法》第二十四条、第二十八条规定，双方协商一致解除劳动关系的，应当依照国家有关规定给予经济补偿。故本案中，一审法院从邵某某入职之日起计算经济补偿金年限正确，应予维持。

文件名称/案例名称二

西安某普电力电子有限公司与何某某劳动争议二审民事判决书

主要内容/观点

原审适用废止的《劳动部关于违反和解除劳动合同的经济补偿办法》不当，但对某普公司的诉求及本案处理结果不产生实际影响，某普公司以原审判决适用法律错误为由请求改判，法院不予支持。

补充说明

《劳动合同法》第九十七条第三款规定，本法施行之日存续的劳动合同在本法施行后解除或者终止，依照本法第四十六条规定应当支付经济补偿的，经济补偿年限自本法施行之日起计算；本法施行前按照当时有关规定，用人单位应当向劳动者支付经济补偿的，按照当时有关规定执行。该条款的规定是以法律的形式，确认了在《劳动合同法》实施前计算解除劳动合同经济补偿金的方法，且《劳动法》第二十八条本就规定了《劳动合同法》施行前需要支付经济补偿的情形，其中规定的情形与《违反和解除劳动合同的经济补偿办法》中需要支付经济补偿的四类情形都是一致的。因此在《违反和解除劳动合同的经济补偿办法》（劳部发〔1994〕481）（以下简称 481 号文）被废止后，对于在《劳动合同法》颁布前入职的劳动者解除劳动合同经济补偿金的计算，仍可以 481 号文有关规定为标准，但在制作裁决书时不再提及 481 号文，而直接表述为“依据《劳动合同法》第九十七条第三款及《劳动法》第二十八条的规定”。从查询到的案例来看，对经济补偿金未分段、分基数计算，而是直接用解除劳动合同前 12 个月的平均工资×实际工作年限。

地域：重庆市

文件名称/案例名称一

刘某勇与重庆某汽车系统股份有限公司劳动争议二审民事判决书

主要内容/观点

《劳动合同法》第四十七条规定“经济补偿按劳动者在本单位工作的年限，每满一年支付一个月工资的标准向劳动者支付。六个月以上不满一年的，按一年计算；不满六个月的，向劳动者支付半个月工资的经济补偿。……本条所称月工资是指劳动者在劳动合同解除或者终止前十二个月的平均工资”，第九十七条第三款规定“本法施行之日存续的劳动合同在本法施行后解除或者终止，依照本法第四十六条规定应当支付经济补偿的，经济补偿年限自本法施行之日起计算；本法施行前按照当时有关规定，用人单位应当向劳动者支付经济补偿的，按照当时有关规定执行”。1995 年 1 月 1 日起施行的《违反和解除劳动合同的经济补偿办法》第八条规定，劳动合同订立时所依据的客观情况发生重大变化，致使原劳动合同无法履行，经当事人协商不能就变更劳动合同达成协议，由用人单位解除劳动合同的，用人单位按劳动者在本单位工作年限，工作时间每满一年发给相当于一个月工资的经济补偿金。

文件名称/案例名称二

重庆某机械制造有限公司与刘某明劳动争议纠纷二审民事判决书

主要内容/观点

《劳动法》第二十四条规定："经劳动合同当事人协商一致，劳动合同可以解除。"第二十八条规定："用人单位依据本法第二十四条、第二十六条、第二十七条的规定解除劳动合同的，应当依照国家有关规定给予经济补偿。"《违反和解除劳动合同的经济补偿办法》第五条规定："经劳动合同当事人协商一致，由用人单位解除劳动合同的，用人单位应根据劳动者在本单位工作年限，每满一年发给相当于一个月工资的经济补偿金，最多不超过十二个月，工作时间不满一年的按一年的标准发给经济补偿金。"……第九十七条第三款规定："本法施行之日存续的劳动合同在本法施行后解除或者终止，依照本法第四十六条规定应当支付经济补偿的，经济补偿年限自本法施行之日起计算；本法施行前按照当时有关规定，用人单位应当向劳动者支付经济补偿的，按照当时有关规定执行。"本案中，涉案劳动关系由某机械公司提出并与刘某明协商一致解除，刘某明2008年1月1日之前在某机械公司单位的工作年限超过8年但不足9年，2008年1月1日之后在某机械公司单位的工作年限为9年，刘某明在涉案劳动关系解除前十二个月的月平均工资标准为1963.50元，故法院对某机械公司须向刘某明支付解除劳动关系的经济补偿金之额度应以33379.50元（1963.50元/月×17个月）予以确认。

地域：湖北省

文件名称/案例名称一

程某锋与某住宅建筑工程公司武汉工程处劳动合同纠纷二审民事判决书

主要内容/观点

《劳动合同法》第四十七条规定："经济补偿按劳动者在本单位工作的年限，每满一年支付一个月工资的标准向劳动者支付。六个月以上不满一年的，按一年计算；不满六个月的，向劳动者支付半个月工资的经济补偿。"第九十七条第三款规定："本法施行之日存续的劳动合同在本法施行后解除或者终止，依照本法第四十六条规定应当支付经济补偿的，经济补偿年限自本法施行之日起计算；本法施行前按照当时有关规定，用人单位应当向劳动者支付经济补偿的，按照当时有关规定执行。”本案中，程某锋于1993年3月10日入职某公司，于2016年7月8日从公司离职。《劳动合同法》于2008年1月1日实施，程某锋的情形不符合2008年1月1日之前经济补偿金的支付条件，故一审法院结合本案事实认定程某锋自2008年1月1日至2016年7月8日经济补偿金的计算年限为八年七个月，据此判决公司应向程某锋支付经济补偿金49500元(5500元/月×9个月)，符合法律规定。

文件名称/案例名称二

宜昌某木制品有限责任公司与胡某新劳动争议二审民事判决书

主要内容/观点

《劳动合同法》第九十七条规定，本法施行之日存续的劳动合同在本法施行后解除或者终止，依照本法第四十六条规定应当支付经济补偿金的，经济补偿金年限自本法施行之日起计算；本法施行前按照当时的有关规定，用人单位应当向劳动者支付经济补偿金的，按照当时的有关规定执行。第九十八条规定，《劳动合同法》自2008年1月1日起施行。法院对某木制品公司辩称本案经济补偿金应分段计算的辩解意见予以采纳。本案胡某新2005年11月份至某木制品公司工作，2017年解除劳动合同，其解除劳动合同经济补偿金的年限应当自2008年1月1日起算。2008年1月之前是否应当支付经济补偿金应按照《违反和解除劳动合同的经济补偿办法》的规定执行。《违反和解除劳动合同的经济补偿办法》并未规定劳动者单方面解除劳动合同，用人单位应支付经济补偿金的情形，故法院对2008年1月1日前经济补偿金不予支持。

地域：山西省

文件名称/案例名称一

某液压有限公司与孙某劳动争议二审民事判决书

主要内容/观点

《劳动合同法》规定，经济补偿金计算按劳动者在本单位工作的年限，每满一年支付一个月工资的标准向劳动者支付。六个月以上不满一年的，按一年计算；不满六个月的，向劳动者支付半个月工资的经济补偿。鉴于孙某在提出与某液压解除劳动关系前未在某液压公司工作，也未实际领取工资，故按照2017年8月本市最低工资标准1520元计算。2008年1月1日《劳动合同法》实施前的经济补偿金，根据《违反和解除劳动合同的经济补偿办法》规定计算，2008年至2017年8月计算9个月，共计31920元。

补充说明

对于工作时间跨越2008年1月1日的，法院采取分段计算方式。

文件名称/案例名称二

山西某运销集团晋中榆次有限公司与潘某劳动争议一审民事判决书

主要内容/观点

劳动者付出劳动，应当依法得到相应劳动报酬。本案中，被告潘某认可其在2015年5月后未在原告单位工作，其要求原告榆次某公司支付工资的主张，没有事实和法律依据，法院不予支持。至于采暖费用，不属法院受理范围，不予支持。关于经济补偿金，被告依据原劳动部《违反和解除劳动合同的经济补偿办法》第3条之规定提出主张，因该办法现已废止，故法院不予支持。

补充说明

因481号文件已废止，法院未支持依据该文件提出的诉讼请求。

地域：云南省

文件名称/案例名称一

刘某某与宜良县某水泥有限公司劳动争议案

主要内容/观点

双方当事人均认可刘某某月工资为2900元，但对于刘某某的工作年限存在争议，刘某某二审中虽提交了《宜良县某水泥有限公司职工花名册》，欲证明其工作年限，但该花名册系复印件，且未加盖任何印盖，某水泥公司亦不认可，故刘某某主张应以该花名册记载的时间确定刘某某的工作年限缺乏事实依据，法院不予采信。而某水泥公司虽不认可刘某某的主张，但亦不能举证证明刘某某的工作年限。一审法院以2014年1月1日作为刘某某的工作入职时间系认定事实不清。法院经审查后，依据《昆明市用人单位解除（终止）劳动合同证明书》记载工作年限确定刘某某的工作年限为17年，根据《劳动合同法》第四十七条第一款规定，某水泥公司应付刘某某经济补偿金49300元（即2900元×17个月）。

文件名称/案例名称二

云南某食品有限公司与谢某劳动争议案

主要内容/观点

云南某食品有限公司未及时足额支付谢某劳动报酬、未依法为谢某缴纳社会保险，谢某据此与云南某食品有限公司解除劳动合同并要求云南某食品有限公司支付经济补偿金符合《劳动合同法》第三十八条、第四十六条的规定，法院应予支持。谢某2016年进入云南某食品有限公司工作，2017年离职，云南某食品有限公司依法应支付谢某1.5个月工资的经济补偿金。一审按照劳动关系解除或终止前12个月谢某的月平均工资及工作年限确认云南某食品有限公司支付谢某经济补偿金9019.98元正确，法院予以维持。

文件名称/案例名称三

杨某某与保山市某保安服务有限责任公司劳动争议案

主要内容/观点

被告并未提交相关证据证明原告无故旷工，应当承担举证不能的法律后果，故对被告的辩称不予采信。根据《劳动合同法》第三十条规定“用人单位应当按照劳动合同约定和国家规定，向劳动者及时足额支付劳动报酬”，被告欠付原告2015年3月份工资及2014年年终奖，应当按照约定的数额支付原告工资1万元、年终奖金6000元，上诉人以被上诉人某押运公司未依法为其缴纳社会保险为由提出辞职，并提供了辞职申请表及辞职申请的照片为证，根据《劳动合同法》第三十八条、第四十六条、第四十七条的规定，被上诉人某押运公司应当向上诉人支付经济补偿金，具体为（2015年3月1日至2017年7月31日，依法应补偿2.5月×离职前12个月的平均工资2555元=6387.5元）。

地域：山东省

文件名称/案例名称一

被告某矿业有限公司与原告王某劳动争议二审民事判决书

主要内容/观点

根据《中华人民共和国劳动合同法实施条例》第二十七条的规定，经济补偿的月工资按照劳动者应得工资计算，但被告提供的原告 2015 年工资发放明细不足以证明原告工资的实际发放数额，更无法证明原告应发工资数额，法院依法确认原告主张的离职前 12 个月的月均工资为 3600 元。《劳动合同法》第九十七条第三款规定："本法施行之日起存在的劳动合同在本法施行后解除或终止，依照本法第四十六条规定应当支付经济补偿的，经济补偿年限自本法施行之日起计算；本法施行前按照当时有关规定，用人单位应当向劳动者支付经济补偿的，按照当时有关规定执行。"原告以被告未为其缴纳社会保险及未安排带薪年休假为由离职，按照《劳动合同法》的上述规定，经济补偿金应分段计算，2008 年 1 月 1 日《劳动合同法》实施后至 2016 年 1 月 18 日，经济补偿金应按 8.5 个月计算。《劳动合同法》实施前，应按照劳动部《违反和解除劳动合同经济补偿办法》的规定处理，因该办法并未规定用人单位未为劳动者缴纳社会保险需要支付经济补偿，且《职工带薪年休假条例》自 2008 年 1 月 1 日起实施，因此原告以被告未为其缴纳社会保险及未安排带薪年休假为由主张 2008 年 1 月 1 日之前的经济补偿金无法律依据，被告应支付原告解除劳动合同经济补偿金的数额为 30600 元（3600 元/月×8.5 个月），原告多主张部分，于法无据，法院依法不予支持。

文件名称/案例名称二

原告肥城市某麻纺厂与被告张某劳动争议二审民事判决书

主要内容/观点

原、被告之间的劳动合同关系在《劳动合同法》施行之日存续、施行后解除。因此，张某支付解除劳动合同的经济补偿金应分段计算，2002 年 9 月 11 日至 2008 年 1 月 1 日，根据《劳动法》第二十四条，第二十八条，参照劳动部关于贯彻执行《劳动法》若干问题的意见第 36 条以及劳动部《关于违反和解除劳动合同的经济补偿办法第五条，原告应支付被告经济补偿金数额为2000元×5=10000元；2008年1月1日至2014年4月，根据《劳动合同法》第四十六条、第四十七条之规定，原告应支付被告经济补偿金数额为2000元×6.5=13000元。扣除原告已经支付的9000元，原告还应支付被告解除劳动合同经济补偿金14000元。

文件名称/案例名称三

上诉人杨某与被上诉人山东临沂某运输有限责任公司劳动争议二审民事判决书

主要内容/观点

《劳动合同法》第四十六条规定：用人单位依照本法第三十六条规定向劳动者提出解除劳动合同并与劳动者协商一致解除劳动合同的，用人单位应当向劳动者支付经济补偿。补偿标准按照劳动者在单位工作的年限，每满一年支付一个月工资的标准。本案中，上诉人自1986年起2012年在被上诉人处工作，工作年限为27年。上诉人提交银行工资账户明细证明在解除劳动合同前一年内共发工资20103.57元，被上诉人不予认可，但没有提交证据证明，法院对上诉人提交的工资账户详单的真实性予以采信。经计算上诉人每月平均工资1675.30元。关于经济补偿金的计算，劳动部《违反和解除劳动合同的经济补偿办法》第五条规定，经劳动合同当事人协商一致，由用人单位解除劳动合同的，用人单位应根据劳动者在本单位工作年限，每满一年发放相当于一个月工资的经济补偿，最多不超过12个月。工作不满一年的按一年的标准发放给经济补偿金。《劳动合同法》中只有劳动者工资超过当地月平均工资三倍的才有封顶年限12个月的工资标准，其他没有封顶情形。但《劳动合同法》自2008年1月1日才实施，根据法不溯及既往的原则，劳动者2008年前工作期限超过12年的经济补偿金应分段计算。本案中，上诉人在2008年工作时间超过12年，其经济补偿金的计算公式为：经济补偿金=［2008年1月1日前的工作年限（不超过12个月）+2008年1月1日后的工作年限］×劳动者解除劳动合同前12个月的月平均工资。其解除劳动合同经济补偿金应为28480.10元(1675.30元/月×17月)。

文件名称/案例名称四

潍坊市某机械设计研究院有限责任公司与崔某劳动争议二审民事判决书

主要内容/观点

崔某于 1995 年 7 月到某机械设计院工作至 2011 年 11 月，依据《劳动合同法》第九十七条第三款之规定，崔某解除劳动合同的经济补偿金应分段计算。某机械设计院单方提出与崔某解除劳动合同，依据 2008 年 1 月 1 日之前的规定，崔某的经济补偿金应按其实际工作年限计算，每工作满 1 年补偿 1 个月的工资。对于 2008 年 1 月 1 日之后的经济补偿金，依据《劳动合同法》第四十七条的规定，崔某解除劳动合同前 12 个月的平均工资未超过潍坊市上年度职工月平均工资的三倍，故该部分经济补偿金亦应按实际工作年限计算。综上，某机械设计院支付崔某的经济补偿金应为崔某 16.5 个月的平均工资，即 80899.5 元（4903 元/月×16.5 个月）。

补充说明

劳动部《违反和解除劳动合同的经济补偿办法》第五条规定，用人单位应根据劳动者在本单位工作年限，每满一年发放相当于一个月工资的经济补偿，最多不超过 12 个月。工作不满一年的按一年的标准发放给经济补偿金。《劳动合同法》规定，只有劳动者工资超过当地月平均工资三倍的才有适用顶年限 12 个月的工资标准，其他没有封顶情形。但《劳动合同法》自 2008 年 1 月 1 日才实施，根据法不溯及既往的原则，对于劳动者 2008 年前工作期限超过 12 年的经济补偿金应分段计算。

地域：安徽省

文件名称/案例名称一

姚某与田家某小学劳动争议一审民事判决书

主要内容/观点

我国《劳动合同法》第四十七条规定，经济补偿按劳动者在本单位工作的年限，每满一年支付一个月工资的标准向劳动者支付；六个月以上不满一年的，按一年计算；不满六个月的，向劳动者支付半个月工资的经济补偿。《中华人民共和国劳动合同法实施条例》第二十七条规定，劳动者在劳动合同解除或者终止前 12 个月的平均工资低于当地最低工资标准的，按照当地最低工资标准计算。本案中，自 1999 年 7 月至 2016 年 5 月，姚某在某小学工作时间已满16年10个月，其在2015年5月至2016年4月的月平均工资为1200元。经查，淮南市最低工资标准自2015年11月起已经调整为每月1350元，姚某的月平均工资低于该1350元标准，其经济补偿金应当按照1350元标准计算17个月，即22950元。

文件名称/案例名称二

张某与淮南市某项目管理办公室劳动争议一审民事判决书

主要内容/观点

《劳动合同法》第四十七条第一款及第三款规定：经济补偿按劳动者在本单位工作的年限，每满一年支付一个月工资的标准向劳动者支付。六个月以上不满一年的，按一年计算；不满六个月的，向劳动者支付半个月工资的经济补偿。本条所称月工资是指劳动者在劳动合同解除或者终止前十二个月的平均工资。本案中，张某在单位的工作时间为自2004年3月至2016年3月，已满12年，其在2015年4月至2016年3月的平均工资为1047元（不含被告每月发放给原告的聘用人员社保补助金），低于淮南市最低工资标准的1350元。根据《中华人民共和国劳动合同法实施条例》规定，《劳动合同法》第四十七条规定的经济补偿的月工资按照劳动者应得工资计算，包括计时工资或者计件工资以及奖金、津贴和补贴等货币性收入；劳动者在劳动合同解除或者终止前12个月的平均工资低于当地最低工资标准的，按照当地最低工资标准计算。故张某的经济补偿金应当按照1350元标准计算12个月，即16200元。

文件名称/案例名称三

许某与淮南市某项目管理办公室劳动争议一审民事判决书

主要内容/观点

《劳动合同法》第四十七条第一款及第三款规定：经济补偿按劳动者在本单位工作的年限，每满一年支付一个月工资的标准向劳动者支付。六个月以上不满一年的，按一年计算；不满六个月的，向劳动者支付半个月工资的经济补偿。本条所称月工资是指劳动者在劳动合同解除或者终止前十二个月的平均工资。本案中，许某在单位的工作时间自2003年12月至2016年3月止，已满12年3个月，其在2015年4月至2016年3月的平均工资为1022元（不含聘用人员社保补助金），低于淮南市最低工资标准的1350元。根据《中华人民共和国劳动合同法实施条例》规定，《劳动合同法》第四十七条规定的经济补偿的月工资按照劳动者应得工资计算，包括计时工资或者计件工资以及奖金、津贴和补贴等货币性收入；劳动者在劳动合同解除或者终止前 12 个月的平均工资低于当地最低工资标准的，按照当地最低工资标准计算。故许某的经济补偿金应当按照 1350 元标准计算 12.5 个月，即 16875 元。

补充说明

《劳动合同法》施行之日前签订的劳动合同，在《劳动合同法》施行后解除或终止的，劳动者主张经济补偿金的，人民法院应视以下情形确定：（一）《劳动合同法》与 2008 年 1 月 1 日之前施行的相关法律法规均有应当支付经济补偿金的规定，且劳动者解除或终止劳动合同前 12 个月的月平均工资不高于上年度本市（设区的市）职工月平均工资三倍的，经济补偿金的计算基数为劳动合同解除或终止前 12 个月的月平均工资。劳动者解除或终止劳动合同前 12 个月的月平均工资高于上年度本市（设区的市）职工月平均工资三倍的，《劳动合同法》施行之前的年限按该劳动者解除或终止劳动合同前 12 个月的月平均工资确定经济补偿金的计算基数；《劳动合同法》施行之后的年限按照三倍封顶数额确定经济补偿金的计算基数。（二）《劳动合同法》规定应当支付经济补偿金，既不属于以前规定中“经济补偿金总额不超过劳动者 12 个月的工资收入”情形，也不属于《劳动合同法》规定的封顶情形的，经济补偿年限自用工之日起计算。《劳动合同法》规定应当支付经济补偿金，但属于以前规定中“经济补偿金总额不超过劳动者 12 个月的工资收入”情形的，劳动者在《劳动合同法》施行前的经济补偿年限按照以前的规定计算；劳动者在《劳动合同法》施行后的工作年限在计算经济补偿年限时并入计算。（三）符合《劳动合同法》规定的封顶情形的，实施封顶计算经济补偿的年限自《劳动合同法》施行之日起计算，《劳动合同法》施行之前的工作年限仍按以前规定的标准计算经济补偿金。

地域：天津市

文件名称/案例名称一

《天津法院劳动争议案件审理指南》

主要内容/观点

第三十一条　用人单位违法解除劳动合同、劳动者请求用人单位支付赔偿金的，赔偿金计算年限应当区分《劳动合同法》实施前后而分别计算。《劳动合同法》实施前，是否支持劳动者提出的赔偿金的诉讼请求，应当按照当时的法律法规执行；《劳动合同法》实施后，赔偿金计算年限自用工之日起计算，最早自2008年1月1日起算。

文件名称/案例名称二

天津某工艺品有限公司与刘某某劳动争议二审民事判决书

主要内容/观点

刘某某于1997年6月21日到某工艺品公司工作，双方于2009年7月1日签订无固定期限劳动合同。2017年8月18日某工艺品公司停产，当月22日召开了职工代表大会宣布停产，并向职工发布了通知。某工艺品公司支付刘某某工资至2017年9月18日。刘某某的工作时间跨越劳动合同法施行之日，其赔偿金应当分段计算。刘某某2008年1月1日之前的工作时间折合11个月，2008年1月1日之后的工作时间折合10.5个月，其离职前12个月的平均工资低于本市同期最低工资标准，故应以本市同期最低工资标准作为计算赔偿金的基数，经计算上诉人应支付被上诉人违法解除劳动合同赔偿金的数额为65600元（2050×11＋2050×10.5×2＝65600）。一审法院将2600元作为2008年1月1日之前的经济补偿金的计算基数依据不足，法院予以纠正。

地域：江苏省

文件名称/案例名称一

《江苏高院关于审理劳动争议案件的指导意见》

主要内容/观点

第二十二条 劳动合同在《劳动合同法》施行后解除或者终止，劳动者请求用人单位支付经济补偿的，应以该法实施之日即2008年1月1日为界，对经济补偿的适用条件和计发年限予以分段审查计算。

用人单位解除或终止劳动合同，劳动者请求将用人单位加付给劳动者的赔偿金计入经济补偿的计发基数的，不予支持。

文件名称/案例名称二

陈某某与贵州某制药股份有限公司劳动合同纠纷二审民事判决书

主要内容/观点

首先，鉴于某制药公司于案件审理过程中未对陈某某工资构成提供任何证据，应承担举证不能的法律后果，一审判决以陈某某工作期间工资卡所获收入来确定月平均工资标准应属合理。其次，《劳动合同法》第四十七条第二款的规定，劳动者月工资高于用人单位所在直辖市、设区的市级人民政府公布的本地区上年度职工月平均工资三倍的，向其支付经济补偿的标准按职工月平均工资三倍的数额支付，向其支付经济补偿的年限最高不超过十二年。该法第八十七条规定，用人单位违反本法规定解除或者终止劳动合同的，应当依照本法第四十七条规定的经济补偿标准的二倍向劳动者支付赔偿金。《中华人民共和国劳动合同法实施条例》第二十五条规定，用人单位违反《劳动合同法》的规定解除或者终止劳动合同，依照《劳动合同法》第八十七条的规定支付了赔偿金的，不再支付经济补偿。赔偿金的计算年限自用工之日起计算。根据上述规定，用人单位违反劳动合同法规定解除或终止劳动合同的，应支付赔偿金计算方法为：自用工之日起依照《劳动合同法》第四十七条的规定计算出经济补偿金，再乘以 2，即为赔偿金，不再分段计算；而《劳动合同法》第四十七条第二款明确在劳动者月工资超过当地职工月均工资三倍的情况下，依法计算的经济补偿金年限最高也不超过十二年，故一审计算赔偿金的方法并无不当。

难点十六

原劳动部481号文件《违反和解除劳动合同的经济补偿办法》废止后，对于患病或者非因工负伤，经劳动鉴定委员会确认不能从事原工作，也不能从事用人单位另行安排的工作而解除劳动合同的劳动者，用人单位是否应当支付医疗补助费，如何确定支付标准？

原劳动部481号文件《违反和解除劳动合同的经济补偿办法》第六条规定，“劳动者患病或者非因工负伤，经劳动鉴定委员会确认不能从事原工作，也不能从事用人单位另行安排的工作而解除劳动合同的，用人单位应按其在本单位的工作年限，每满一年发给相当于一个月工资的经济补偿金，同时还应发给不低于六个月工资的医疗补助费。患重病和绝症的还应增加医疗补助费，患重病的增加部分不低于医疗补助费的百分之五十，患绝症的增加部分不低于医疗补助费的百分之百”，但该文件已于2017年废止。司法实践中，对于该文件废止后用人单位解除劳动合同是否需要支付医疗补助费以及支付标准存在不同认定。虽然原劳动部481号文件已经废止，但《劳动部关于实行劳动合同制度若干问题的通知》《原劳动部关于贯彻执行〈中华人民共和国劳动法〉若干问题的意见》等文件中仍存在医疗补助费的有关规定，成都市、北京市、广东省、上海市、浙江省、山东省、安徽省、天津市、江苏省等省市依然认定用人单位在解除患病或非因工负伤，经劳动鉴定委员会确认不能从事原工作，也不能从事用人单位另行安排的工作的劳动者时应按照规定标准支付医疗补助。以湖南省、陕西省、重庆市、湖北省为代表的少数省市在原劳动部481号文的废止后不再支持用人单位支付医疗补助费用。

地域：成都市

文件名称/案例名称

四川省某建筑工程有限公司与岳某劳动争议二审民事判决书

主要内容/观点

岳某并无有效证据证明已被四川省某建筑工程有限公司通知解除劳动关系，而仅因该公司在 2017 年 5 月后再未向向其支付工资报酬，便认为其双方劳动关系已在 2017 年 5 月 1 日起解除。但双方均确认四川省某建筑工程有限公司在 2017 年 5 月 24 日派人去医院看望岳某并向其支付了 2017 年 4 月的工资和 10000 元慰问金，且根据《企业职工患病或非因工负伤医疗期规定》等有关规定，岳某在 2017 年 4 月生病，根据其病情实际情况，岳某应当依法享有 24 个月的医疗期，则岳某仅依据四川省某建筑工程有限公司在其医疗期内未向其发放工资报酬便认为双方劳动关系解除，其依据不足，一审不予支持无不当。基于上述分析，因四川省某建筑工程有限公司与岳某劳动关系尚未解除，则岳某要求公司支付解除劳动合同经济补偿金以及额外支付一个月工资 10000 元的意见，缺乏事实和法律依据，法院不予支持。同时，岳某尚在医疗期内，其与四川省某建筑工程有限公司劳动关系并未解除，岳某并不具备相应规定的领取医疗补助费的条件，则四川省某建筑工程有限公司无需支付岳某医疗补助费 12000 元。一审对此认定亦无不当，法院予以支持。

补充说明

《违反和解除劳动合同的经济补偿办法》已于 2017 年 11 月废止，但是《劳动部关于实行劳动合同制度若干问题的通知》第二十二条“劳动者患病或者非因工负伤，合同期满终止劳动合同的，用人单位应当支付不低于六个月工资的医疗补助费；对患重病或绝症的，还应适当增加医疗补助费”继续有效。

地域：北京市

文件名称/案例名称

《关于〈违反和解除劳动合同的经济补偿办法〉（劳部发〔1994〕481）被废止后劳动争议处理若干问题的意见》

主要内容/观点

不仅在481号文中有关于医疗补助费的规定，在原劳动部《关于贯彻执行〈中华人民共和国劳动法〉若干问题的意见》（劳部发〔1995〕309号）（以下简称309号文）、《关于实行劳动合同制度若干问题的通知》（劳部发〔1996〕354号）、原劳动部办公厅《关于因病或非因工负伤医疗期管理等若干问题的请示的复函》（劳办函〔1996〕40号）、《关于对劳部发〔1996〕354号文件有关问题解释的通知》（劳办发〔1997〕18号）也有类似规定，即劳动者在劳动合同期限内患病、非因工负伤医疗期满后，仍不能从事原工作也不能从事由单位另行安排的工作的，或者在劳动合同终止，医疗期满、医疗终结时，由劳动能力鉴定委员会参照工伤与职业病致残程度鉴定标准进行劳动能力鉴定。被鉴定为一至四级的，办理因病、非因工负伤退休退职手续，享受相应的退休退职待遇；被鉴定为五至十级，解除或者终止劳动合同的，按规定支付经济补偿金并应当支付不低于六个月工资的医疗补助费。因此，劳动者患病、非因工负伤而解除或终止劳动合同主张医疗补助费的，仍应按照上述相关规范性文件的规定予以执行，但由于目前缺乏患重病和绝症的规范性依据，劳动者主张增加医疗补助费的，依照谁主张谁举证的原则，由主张者就患重病或者绝症提供证据，并参照481号文的规定执行。

地域：河北省

文件名称/案例名称

刘某与石家庄某塑胶制品有限公司劳动争议案

主要内容/观点

根据相关法律规定，在劳动者患病或者非因工负伤，经劳动鉴定委员会确认不能从事原工作，也不能从事用人单位另行安排的工作而解除劳动合同的，用人单位在支付经济补偿金的同时应支付不低于六个月的医疗补助费。

补充说明

本案因劳动者未提供相关证据，故其对医疗补助费的请求未得到支持。但法院说理部分并未否定医疗补助费。

地域：广东省

文件名称/案例名称一

《广东省高级人民法院 广东省劳动人事争议仲裁委员会关于劳动人事争议仲裁与诉讼衔接若干意见》

主要内容/观点

第十一条　劳动者患病、非因工负伤医疗期满后，经劳动能力鉴定委员会鉴定为完全丧失劳动能力或大部分丧失劳动能力，不能从事原工作，也不能从事由用人单位另行安排的工作而解除劳动合同的，用人单位应按规定支付经济补偿并支付不低于六个月工资的医疗补助费。

补充说明

用人单位应按规定支付经济补偿并支付不低于 6 个月工资的医疗补助费。

文件名称/案例名称二

王某与深圳某生物公司劳动合同纠纷二审民事判决书

主要内容/观点

《广东省高级人民法院广东省劳动人事争议仲裁委员会关于劳动人事争议与诉讼衔接若干意见》第十一条规定："劳动者患病、非因工负伤医疗期满后，经劳动能力鉴定委员会鉴定为完全丧失劳动能力或大部分丧失劳动能力、不能从事原工作，也不能从事由用人单位另行安排的工作而解除劳动合同的，用人单位应按规定支付经济补偿并支付不低于六个月工资的医疗补助费。"本案中，因王某患病被评定为大部分丧失劳动能力，合同期满，某生物公司未另行安排王某工作而是解除合同，按照规定应向王某支付六个月的医疗补助费。因王某的月平均工资为 21260.52 元，故亚能公司向王某支付的医疗补助金为 127563.12（21260.52 元×6 个月）元。

补充说明

案例中，因王某患病被评定为大部分丧失劳动能力，合同期满，深圳某生物公司未另行安排王某工作而是解除合同，按照规定应向王某支付六个月的医疗补助费。

地域：福建省

文件名称/案例名称

泉州某学校与方某劳动争议二审民事判决书

主要内容/观点

方某于2015年9月7日患病，《违反和解除劳动合同的经济补偿办法》虽然已于2017年11月24日被废止，但由于本案事实发生时，上述办法尚在有效施行过程中，故一审判决根据当时有效施行的规定处理该问题，给予方某医疗补助费并无不妥。

地域：湖南省

文件名称/案例名称一

刘某与娄底某汽车销售公司劳动合同纠纷案

主要内容/观点

关于原告所主张的医疗补助费，《违反和解除劳动合同的经济补偿办法》已于2017年11月27日被人力资源社会保障部废止，且原、被告间的劳动关系系因原告达到法定退休年龄而终止，不存在适用该办法的情形，故法院对原告的该主张亦不予支持。

文件名称/案例名称二

原告湖南某工程公司诉被告邱某劳动争议纠纷案

主要内容/观点

解除劳动合同的医疗补助费的支付前提是劳动者经鉴定不能从事原工作及另行安排的工作而由用人单位解除劳动合同，但本案中被迫辞职而导致劳动合同解除的被告也应享受医疗补助费，否则显失公正。原告应向被告支付9个月的医疗补助费计44568元（4952元/月×9月）。

补充说明

当事人 2017 年 11 月提出解除劳动合同的申请，2018 年 2 月案件经劳动仲裁后诉至人民法院，判决中未讨论《违反和解除劳动合同的经济补偿办法》的有效性问题，直接认为应当支付医疗补助费。不排除法院判决时不知道《违反和解除劳动合同的经济补偿办法》已经被废止的可能。

地域：上海市

文件名称/案例名称

《上海市劳动合同条例》（市人大常委会公告第 58 号）

主要内容/观点

第四十四条规定："用人单位根据本条例第三十二条第一款第（一）项的规定解除劳动合同的，除按规定给予经济补偿外，还应当给予不低于劳动者本人六个月工资收入的医疗补助费。"（第三十二条有下列情形之一的，用人单位可以解除劳动合同，但是应当提前三十日以书面形式通知劳动者本人：（一）劳动者患病或者非因工负伤，医疗期满后，不能从事原工作也不能从事由用人单位另行安排的工作的。）

地域：浙江省

文件名称/案例名称

杭州某健身有限公司与钱某劳动争议一审民事判决书

主要内容/观点

劳部发〔1996〕354 号《劳动部关于实行劳动合同制度若干问题的通知》第二十二条规定："劳动者患病或者非因工负伤，合同期满终止劳动合同的，用人单位应当支付不低于六个月工资的医疗补助费；对患重病或绝症的，还应适当增加医疗补助费。"因此，对钱某请求杭州某健身有限公司支付医疗补助费的合理部分，法院应予支持。钱某所患疾病显然属于重病，应适当增加医疗补助费。故法院确定杭州某健身有限公司应当支付钱某医疗补助费 109872 元。

地域：陕西省

文件名称/案例名称一

柳某某与陕西某汉路桥工程建设有限公司劳动争议纠纷二审民事判决

主要内容/观点

《劳动部办公厅关于对劳部发〔1996〕354号文件有关问题解释的通知》规定，“劳动者患病或者非因工负伤，合同期满终止劳动合同的，用人单位应当支付不低于六个月工资的医疗补助费”。这是指合同期满的劳动者终止劳动合同时，医疗期满或者医疗终结被劳动鉴定委员会鉴定为5～10级的，用人单位应当支付不低于六个月工资的医疗补助费，本案上诉人柳某某不符合该条件，故其该上诉请求不能成立，法院不予支持。

文件名称/案例名称二

辛某某与渭南某方机动车安全检测中心有限责任公司劳动争议纠纷民事一审判决书

主要内容/观点

针对原告依据《违反和解除劳动合同的经济补偿办法》第六条规定请求被告公司支付原告因患病不能从事原工作的经济补偿金50350元及支付其患绝症的医疗补助费22800元的主张：《违反和解除劳动合同的经济补偿办法》第六条的规定，“劳动者患病或者非因工负伤，经劳动鉴定委员会确认不能从事原工作，也不能从事用人单位另行安排的工作而解除劳动合同的，用人单位应按其在本单位的工作年限，每满一年发给相当于一个月工资的经济补偿金，同时还应发给不低于六个月工资的医疗补助费。患重病和绝症的还应增加医疗补助费，患重病的增加部分不低于医疗补助费的百分之五十，患绝症的增加部分不低于医疗补助费的百分之百”，以及《企业职工患病或非因工负伤医疗期规定》第六条的规定，“企业职工非因工致残和经医生或医疗机构认定患有难以治疗的疾病，在医疗期内医疗终结，不能从事原工作，也不能从事用人单位另行安排的工作的，应当由劳动鉴定委员会参照工伤与职业病致残程度鉴定标准进行劳动能力的鉴定”。本案中，至庭审辩论终结前，原告未经劳动鉴定委员会鉴定，缺乏相应证据支持其因患病已不能从事原工作，也不能从事被告公司另行安排的工作，故法院对原告的上述两项请求均不予支持。

补充说明

《办法》终止后，从陕西地区公布的案例中，尚未发现法院支持医疗补助费的案例。不支持的理由集中在两点：（1）法院认为劳动者未经劳动鉴定委员会鉴定；（2）法院可能对原医疗期方面的规定掌握得并不全面，片面理解有关医疗补助费可支付的条件，认为只能是劳动合同期满才符合支付的先决条件。

地域：重庆市

文件名称/案例名称一

梁某与重庆某房地产开发有限公司劳动争议二审民事判决书

主要内容/观点

法院认为，梁某要求重庆某房地产开发有限公司支付医疗补助金的法律依据《违反和解除劳动合同的经济补偿办法》（以下简称《办法》）已于 2017 年 12 月份废止，在其尚未完成劳动能力鉴定的情况下，再要求依据该《办法》要求完成劳动能力鉴定，法院不予支持。其要求按照《办法》的规定，由某房地产开发有限公司支付其医疗补助费，法院不予支持。一审认定事实清楚，适用法律正确，应予维持。

文件名称/案例名称二

张某琼与某新能源有限公司劳动争议一审民事判决书

主要内容/观点

1994 年 12 月 3 日原劳动部颁行的《违反和解除劳动合同的经济补偿办法》中第六条“劳动者因患病或者非因工负伤不能从事原工作，也不能从事用人单位另行安排的工作被解除劳动合同后，用人单位应支付劳动者不低于本人工资六个月的医疗补助金”，是在全国尚未建立统一的社会基本医疗保险制度的历史背景下，为了保护劳动者的权益而做出的规定。试想如用人单位已为劳动者建立社会医疗保险，劳动者患病或者非因工负伤所产生的医疗费已由医疗保险机构报销，用人单位当不应在解除劳动合同后还需支付劳动者医疗补助金。在法律规范的逻辑结构中，行为模式和法律后果是其内在要素，正是基于法理和上述理由，国家人力资源和社会保障部已于2017年11月24日做出《关于第五批宣布失效和废止文件的通知》（人社部发〔2017〕87号），遂将《违反和解除劳动合同的经济补偿办法》予以废止。因此，原告张某琼在被告某新能源公司已为其缴纳社会基本医疗保险费，其因患病或者非因工负伤所产生的医疗费应由医疗保险机构承担的情况下，要求被告某新能源公司支付医疗补助金的请求，法院不予支持。

地域：湖北省

文件名称/案例名称

潘某程与湖北某农资有限公司劳动争议二审民事判决书

主要内容/观点

用人单位应支付医疗补助费的依据主要来源于原劳动部《违反和解除劳动合同的经济补偿办法》（劳部发〔1994〕481号）的规定，前述办法已于2017年11月24日被人力资源社会保障部《关于第五批宣布失效和废止文件的通知》（人社部发〔2017〕87号）予以废止，即便依此办法第六条的规定，潘某程亦不符合医疗补助费领取条件。用人单位应支付医疗补助费的另一依据系原劳动部《关于实行劳动合同制度若干问题的通知》（劳部发〔1996〕354号）第二十二条规定，劳动者患病或者非因工负伤，合同期满终止劳动合同的，用人单位应当支付不低于六个月工资的医疗补助费。对于该条文理解上的疑难，原劳动部办公厅《劳动部办公厅关于对劳部发〔1996〕354号文件有关问题解释的通知》（劳办发〔1997〕18号）第二条答复：劳部发（1996）354号第22条，“是指合同期满的劳动者终止劳动合同时，医疗期满或者医疗终结被劳动鉴定委员会鉴定为5～10级的，用人单位应当支付不低于六个月工资的医疗补助费。鉴定为1～4级的，应当办理退休、退职手续，享受退休、退职待遇”。可见，用人单位应支付医疗补助费的情形应同时具备两个条件：（1）合同期满的劳动者终止劳动合同的情形；（2）医疗期满或者医疗终结被劳动鉴定委员会鉴定为5～10级的。二审中，潘某程提交了一份劳动能力鉴定申请书，请求人民法院依法指定相关机构对其劳动能力等级进行鉴定，但在本案中，潘某程与某农资公司劳动合同并非合同期满终止，不具备上述规定中的第一个条件，故不符合用人单位应支付医疗补助费的情形。潘某程提交劳动能力鉴定申请与本案处理并无关联，对该申请，法院不予准许。公司系违法解除劳动合同，潘某程已依法获得赔偿金，一审法院认为其再主张医疗补助费没有法律依据，并无不当，法院应予维持。

地域：贵州省

文件名称/案例名称

刘某栋与贵州某旅游公司劳动争议一审民事判决书

主要内容/观点

关于原告要求被告支付医疗补助费 24000 元的请求，《劳动部关于实行劳动合同制度若干问题的通知》（劳部发〔1996〕354 号）第二十二条规定："劳动者患病或者非因工负伤，合同期满终止劳动合同的，用人单位应当支付不低于六个月工资的医疗补助费；对患重病或绝症的，还应适当增加医疗补助费。"另外，《劳动部办公厅关于对劳部发〔1996〕354 号文件有关问题解释的通知》（劳办发〔1997〕18 号）第二条规定："《通知》第二十二条'劳动者患病或者非因工负伤，合同期满终止劳动合同的，用人单位应当支付不低于六个月工资的医疗补助费'是指合同期满的劳动者终止劳动合同时，医疗期满或者医疗终结被劳动鉴定委员会鉴定为 5～10 级的，用人单位应当支付不低于六个月工资的医疗补助费。鉴定为 1～4 级的，应当办理退休、退职手续，享受退休、退职待遇。"本案中，原告未提供证据证明其进行了劳动能力鉴定，也未证明其劳动能力存在丧失的情况，不符合享受医疗补助费的条件，故原告主张被告支付医疗补助费 24000 元的请求，不符合上述规定，法院依法不予支持。

补充说明

判决中并未讨论《违反和解除劳动合同的经济补偿办法》有效性问题，仅根据《劳动部关于实行劳动合同制度若干问题的通知》及《劳动部办公厅关于对劳部发（1996）354 号文件有关问题解释的通知》的规定判定诉讼当事人是否符合享受医疗补助费的条件。

地域：山西省

文件名称/案例名称

杨某与阳泉某某集团翼城某某煤业有限公司劳动争议一审民事判决书

主要内容/观点

《违反和解除劳动合同的经济补偿办法》（劳部发〔1994〕481号）第六条、《劳动部关于实行劳动合同制度若干问题的通知》（劳部发〔1996〕354号）第二十二条规定了用人单位依法解除或终止劳动合同时应当支付医疗补助费的情形。从上述规定的内容来看，只有在劳动者患病或者非因工负伤，合同期满终止劳动合同，或者经劳动鉴定委员会确认不能从事原工作、也不能从事用人单位另行安排的工作而解除劳动合同的情形下，用人单位方应支付劳动者不低于六个月工资的医疗补助费；否则，不符合上述规章规定的医疗补助费的给付条件。

补充说明

本案中，被告在医疗期未满时与原告解除劳动关系，显属违法解除，且原告未经劳动能力鉴定，故其不符合发放医疗补助费的条件。现原告业已依据《中华人民共和国劳动合同法》之相关规定要求被告支付其违法解除劳动合同的赔偿金，且已得到仲裁裁决的支持，故原告在其医疗期内被违法解除劳动合同已获得法律救济的情况下又请求被告支付医疗补助费于法无据，法院不予支持。

地域：山东省

文件名称/案例名称

《山东省劳动合同条例》（山东省人民代表大会常务委员会公告第78号）

主要内容/观点

第二十六条　劳动者患病或者非因工负伤，医疗期满后不能从事原工作也不能从事由用人单位另行安排的工作，用人单位提出解除劳动合同的，除按照规定支付经济补偿金外，还应当支付不低于劳动者本人六个月工资收入的医疗补助费。

补充说明

用人单位应当支付医疗补助费，支付标准为：不低于劳动者本人六个月工资收入。

地域：安徽省

文件名称/案例名称

《安徽省劳动合同条例》（安徽省人大常委会公告第十一号）

主要内容/观点

第四十八条　劳动者患病或者非因工负伤致残，在规定的医疗期满后不能从事原工作，也不能从事由用人单位另行安排的与其身体状况相适应的工作，由用人单位解除劳动合同的，除按照规定支付经济补偿金外，还应当按照国家有关规定支付一定的医疗补助费。

补充说明

根据《关于实行劳动合同制度若干问题的通知》以及劳办发〔1997〕18号的规定，“劳动者患病或者非因工负伤，合同期满终止劳动合同的，用人单位应当支付不低于六个月工资的医疗补助费”意味着合同期满的劳动者终止劳动合同，医疗期满或者医疗终结被劳动鉴定委员会鉴定为5～10级的，用人单位应当支付不低于六个月工资的医疗补助费。鉴定为1～4级的，应当办理退休、退职手续，享受退休、退职待遇。据此可以确定，安徽省医疗补助费的标准为不低于劳动者六个月工资。

地域：天津市

文件名称/案例名称

某纸业（天津）有限公司与张某劳动争议二审民事判决书

主要内容/观点

上诉人某纸业公司以被上诉人张某不能从事其另行安排的工作为由解除劳动合同，应当支付被上诉人张某不低于6个月工资的医疗补助费。经计算，一审判决确定的被上诉人张某6个月医疗补助费的金额准确，法院予以维持。

补充说明

该判决书支持了在481号文件废止后的医疗补助费。

地域：江苏省

文件名称/案例名称

吕某某与贵州某制药股份有限公司劳动合同纠纷二审民事判决书

主要内容/观点

按照相关劳动法律法规的规定，劳动者患病不能从事原工作的，用人单位可以依法解除劳动合同并给予经济补偿。劳动者经劳动能力鉴定委员会确认丧失或者部分丧失劳动能力的，用人单位还应当给予劳动者不低于本人六个月工资的医疗补助费。患重病或者绝症的还应当增加医疗补助费。患重病的增加部分不低于医疗补助费的百分之五十，患绝症的增加部分不低于医疗补助费的百分之百。对照吕某某的实际患病情况，某制药公司应当给予吕某某的医疗补助费为九个月的本人工资，计 95301 元。

补充说明

《违反和解除劳动合同的经济补偿办法》

第六条　劳动者患病或者非因工负伤，经劳动鉴定委员会确认不能从事原工作，也不能从事用人单位另行安排的工作而解除劳动合同的，用人单位应按其在本单位的工作年限，每满一年发给相当于一个月工资的经济补偿金，同时还应发给不低于六个月工资的医疗补助费。患重病和绝症的还应增加医疗补助费，患重病的增加部分不低于医疗补助费的百分之五十，患绝症的增加部分不低于医疗补助费的百分之百。

除了 481 号文以外，如下四个文件均对此有明确的规定，且这几个规定仍然有效：

（一）原劳动部《关于实行劳动合同制度若干问题的通知》（劳部发〔1996〕354 号）："劳动者患病或者非因工负伤，合同期满终止劳动合同的，用人单位应当支付不低于六个月工资的医疗补助费；对患重病或绝症的，还应适当增加医疗补助费。"

（二）劳动部办公厅《关于对劳部发〔1996〕354 号文件有关问题解释的通知》（劳办发〔1997〕18 号）第二条规定："《通知》第二十二条'劳动者患病或者非因工负伤，合同期满终止劳动合同的，用人单位应当支付不低于六个月工资的医疗补助费'是指合同期满的劳动者终止劳动合同时，医疗期满或者医疗终结被劳动鉴定委员会鉴定为 5～10 级的，用人单位应当支付不低于六个月工资的医疗补助费。鉴定为 1～4 级的，应当办理退休、退职手续，享受退休、退职待遇。”

（三）原劳动部办公厅《关于因病或非因工负伤医疗期管理等若干问题的请示的复函》（劳办函〔1996〕40 号）第三条规定：“患病职工在合同期满终止劳动合同时，用人单位应当一次性支付劳动者不低于六个月工资的医疗补助费。对于患重病或绝症的职工，用人单位可以适当增加医疗补助费。由于医疗期制度试行时间不长，尚待进一步完善，请你们在实践中根据当地实际情况予以总结完善。”

（四）原劳动部关于贯彻执行《劳动法》若干问题的意见（劳部发〔1995〕第 309 号）第 35 条规定：“请长病假的职工在医疗期满后，能从事原工作的，可以继续履行劳动合同；医疗期满后仍不能从事原工作也不能从事由单位另行安排的工作的，由劳动鉴定委员会参照工伤与职业病致残程度鉴定标准进行劳动能力鉴定。被鉴定为一至四级的，应当退出劳动岗位，解除劳动关系，办理因病或非因工负伤退休退职手续，享受相应的退休退职待遇；被鉴定为五至十级的，用人单位可以解除劳动合同，并按规定支付经济补偿金和医疗补助费。”

难点十七

长期“两不找”职工，回单位要求补发工资、补缴社保能否得到支持?

实务中，因为用人单位用工管理不严、入离职手续不规范，有些劳动者离开用人单位后双方互不联系，处于“两不找”状态，但实际上双方并未办理劳动关系解除手续，或者无法举证证明劳动关系已经解除。面对“两不找”员工去而复返，用人单位能否拒绝其补发工资、补缴社保的要求?

经过检索全国多个省份法院公开的裁判指导意见、生效裁判文书，我们发现对于“两不找”员工要求用人单位补发工资、补缴社保的主张，全国各省市处理方式基本一致，即不予支持。各地均认定职工在“两不找”期间的劳动合同处于中止状态，劳动者并未实际向用人单位提供劳动，劳动合同并未实际履行，双方互不享有权利也不承担义务，故职工不能要求用人单位补发工资、补缴社保。

地域：四川省

文件名称/案例名称

罗某与四川某物业管理有限公司劳动争议纠纷二审民事判决书

主要内容/观点

双方对罗某未到四川某物业管理有限公司上班的原因各执一词，罗某称其系四川某物业管理有限公司未安排，四川某物业管理有限公司称其系罗某到其他公司上班自行离职。在 2014 年 2 月后，无论罗某是因何原因未到四川某物业管理有限公司上班，其未在四川某物业管理有限公司上班的事实双方并无异议。在此期间，罗某未要求解除劳动合同，四川某物业管理有限公司也未与罗冬解除劳动合同，双方之间的劳动关系处于中止状态，罗某未在四川某物业管理有限公司付出劳动，不应要求四川某物业管理有限公司支付劳动报酬。因四川某物业管理有限公司不存在拖欠罗某工资的情形，故罗某要求四川某物业管理有限公司支付拖欠工资赔偿金的诉讼请求不能得到支持。另，罗某系四川某物业管理有限公司股东，且在四川某物业管理有限公司上班期间任公司总经理。在其任职总经理期间，应明知公司有义务为包括自己在内的公司员工缴纳社会保险，其自身对公司未为其购买保险应负有重大责任。在双方劳动关系中止期间，四川某物业管理有限公司不负有为罗某购买社会保险的义务。

补充说明

双方处于“两不找”期间，其劳动关系亦处于中止履行状态，双方不存在劳动合同法上的权利义务关系，该期间也不计入劳动者的工作年限。故劳动者回单位要求补发工资、补缴社保不能得到支持。

地域：北京市

文件名称/案例名称

《北京市高级人民法院、北京市劳动争议仲裁委员会关于劳动争议案件法律适用问题研讨会会议纪要》

主要内容/观点

第十四条　劳动者长期未向用人单位提供劳动，用人单位也长期不再向劳动者支付劳动报酬等相关待遇，双方长期两不找的，可以认定此期间双方不享有和承担劳动法上的权利义务。

地域：河北省

文件名称/案例名称

王某与某集团第二工程有限公司劳动争议案

主要内容/观点

上诉人主张用人单位给付其相关的待遇，因双方的劳动关系尚未解除，自2008年1月起，上诉人未向用人单位提供过劳动，用人单位也未给上诉人发放过工资及其相关的福利待遇，双方互不履行权利义务，原审予以驳回并无不妥，该判决亦符合民法的权利义务相一致的原则。

地域：广东省

文件名称/案例名称

熊某与某水利管理所劳动争议二审民事判决书

主要内容/观点

根据我国《社会保险费征缴暂行条例》的规定，征缴社会保险费用是社保管理部门的职责，社会保险费的缴纳属于行政法规规定的强制缴纳的范畴，故劳动者请求用人单位为其建立社会保险关系或缴纳社会保险费的，不作为劳动争议处理，一审法院对此不予处理正确，法院予以认同。

劳动合同关系的核心内容，是劳动者向用人单位提供有偿劳动，在此核心内容的基础上才派生出其他权利义务的内容。本案中，熊某长期未向某水利管理所提供劳动，某水利管理所也长期未向熊某支付工资待遇。在此期间，双方处于长期"两不找"的状态下，其劳动合同关系已经失去了给付劳动这个劳动关系的核心内容。一审法院据此认定双方在此期间一直互不享有、承受国家法律关于劳动者与用工者的权利义务，并驳回熊某该项诉讼请求正确，法院亦予认可。

补充说明

根据我国《社会保险费征缴暂行条例》的规定，征缴社会保险费用是社保管理部门的职责，社会保险费的缴纳属于行政法规规定的强制缴纳的范畴，故劳动者请求用人单位为其建立社会保险关系或缴纳社会保险费的，不作为劳动争议处理。

地域：福建省

文件名称/案例名称

李某与福建某资产公司劳动争议二审民事判决书

主要内容/观点

《社会保险法》第五十八条规定："用单位应当自用工之日起三十日内为其职工向社会保险经办机构申请办理社会保险登记。未办理社会保险登记的，由社会保险经办机构核定其应当缴纳的社会保险费。"依据上述规定，李某与福建某资产公司并未建立劳动关系，也未向福建某资产公司提供劳动，福建某资产公司没有为李某缴纳社会保险的法定义务。且福建某资产公司一直以高于李某上年度平均工资的标准为其缴纳社会保险。再则社会保险费的征缴属于行政行为，对其的争议不属于民事审判的受案范围。

地域：湖南省

文件名称/案例名称一

李某与湖南某监狱劳动争议案

主要内容/观点

参照劳社部发〔2005〕12 号《关于确立劳动关系有关事项的通知》等相关规定，判断双方是否存在劳动关系，应考察以下要件：一是用人单位和劳动者符合法律、法规规定的主体资格；二是用人单位和劳动者之间签订劳动合同或者形成事实劳动关系；三是用人单位和劳动者之间互相履行劳动权利义务，即用人单位依法制定的各项劳动规章制度适用与劳动者，劳动者受用人单位的劳动管理，从事用人单位安排的有报酬的劳动且劳动者提供的劳动是用人单位业务组成部分；四是用人单位和劳动者之间的法律关系受劳动法律法规调整。根据上述要件分析，在长期未提供劳动的争议案件中判断双方劳动关系是否成立的关键是考察双方是否互相履行劳动权利义务。本案中，李某与湖南某监狱从 1996 年开始就已互不履行权利义务，李某未向湖南某监狱提供劳动，湖南某监狱亦未向李某支付相应的工资福利待遇，双方之间基本的劳动关系基础已完全丧失。

文件名称/案例名称二

王某与湖南某医院人事争议案

主要内容/观点

在 1997 年 7 月至 2004 年 6 月，由于历史原因，王某长期未向医院提供劳动，医院也未依法与其解除劳动关系，双方实际上处于“两不找”状态，可以据此认定双方劳动关系处于中止履行状态，在此期间，双方不存在劳动法上的权利义务关系。王某要求用人单位需发放生活费没有依据。

文件名称/案例名称三

林某与湖南某矿业公司劳动争议案

主要内容/观点

法院对林某所述“一直在找被告协商”的事实不予采信，认定本案双方实际上存在“长期两不找”的事实。鉴于林某存在擅自离职数月的重大违纪行为，存在重大过错，且自2010年4月离职后六年多来，没有为湖南某矿业公司提供劳动，法院对林某要求的补发2010年4月1日至2016年8月1日期间的工资款86640元的诉讼请求不予支持。缴纳社会保险费的争议，是劳动保障行政部门和社会保险费征收机构应当解决的，不属于人民法院受理劳动争议案件的受案范围，故法院不予审理。

地域：上海市

文件名称/案例名称

倪某某与上海市某勘察院劳动争议上诉案

主要内容/观点

本案中，因倪某某在停薪留职期限届满后未回地矿勘察院工作，勘察院已于1996年8月对倪某某做出辞退处理，故勘察院此后在落实全员劳动合同制过程中没有为倪某某开立社保账户，并无不当。并且倪某某于1992年11月开始长期在国外定居生活，并未向勘察院提供正常劳动，双方之间已不存在劳动法律法规上的权利义务关系，勘察院亦无需缴纳社会保险。再者，根据倪某某出具的《本人简况陈述》可见，其于2000年即已知晓被辞退，但直至2013年达到法定退休年龄期间均未通过仲裁或诉讼向勘察院主张权利，亦没有通过其他方式申请开立社保账户，其对于与勘察院的劳动关系及社保账户开立问题均抱一种放任的态度，因此对于无法开立社保账户并享受养老金待遇，倪某某存有过错，应承担相应责任。现倪某某以勘察院未为其开立社保账户为由提起诉讼，主张养老金损失，缺乏事实和法律依据，法院难以支持。

地域：浙江省

文件名称/案例名称

徐某与某供电局劳动争议纠纷上诉案

主要内容/观点

原告自 1993 年 5 月 20 日起未向被告提供劳动，不受被告的劳动规章制度约束，被告也自当年 6 月起未支付原告劳动报酬，双方互不履行权利义务，双方间并不存在劳动关系。原告保存的被告的劳务收据并不代表原、被告间形成了劳动关系，故法院对原告的双方至今仍维持着停薪留职状态的主张不予支持。

地域：贵州省

文件名称/案例名称一

原告胡某文诉被告水城县某烤烟办公室追索劳动报酬纠纷一案的民事判决书

主要内容/观点

原告胡某文于 2003 年 8 月起至今已有十一年未向被告水城县某烤烟办公室提供正常的劳动，既未接受管理，也未向被告主张安排工作，而被告水城县某烤烟办公室亦未向原告胡某文支付劳动报酬等相关待遇。劳动者长期未向用人单位提供劳动，用人单位也长期不再向劳动者支付劳动报酬等相关待遇，双方长期两不找的，双方不享有和承担劳动法上的权利义务。故原告胡某文现要求被告支付原告支付 2003 年 8 月至 2015 年 1 月的工资、相应的双倍工资以及支付企业职工养老保险的主张，缺乏事实和法律依据，法院不予支持。

文件名称/案例名称二

满某模与天柱县某工程公司社会保险纠纷二审民事判决书

主要内容/观点

纵观本案，满某模基于天柱县某工程公司在劳动关系成立期间未履行按期足额缴纳社会保险费的义务导致其不能享受养老保险的损失，主张判决天柱县某工程公司赔偿其从2013年9月起至去世时止每月应享有的养老金2800元的损失，该争议涉及劳动合同的履行问题。结合1995年元月满某模即已离开公司自谋出路，未为公司提供劳动，天柱县某工程公司也未给满某模发放工资，双方互不履行义务的事实，双方虽有劳动关系之名，但本质上已失去了劳动的要素，故双方依法不具有劳动法上的权利义务关系。在公司经营难以维持的情况下，天柱县某工程公司已于1995年经全体职工同意对公司财产进行清算并对职工进行了安置和分配，故对满某模要求判决天柱县某工程公司赔偿其从2013年9月起至去世时止每月应享有的养老金2800元的损失的主张，一审法院不予支持并无不当。

补充说明

黔东南中院把“两不找”期间，劳动者未提供劳动，用人单位也未进行管理的状态认定为不存在劳动法上权利义务关系的状态，用人单位有权不为未提供劳动的劳动者补缴社保。

地域：陕西省

文件名称/案例名称一

郭某某与西安市第某医院劳动争议一案二审民事判决书

主要内容/观点

劳动者长期未向用人单位提供劳动，用人单位也长期不再向劳动者支付劳动报酬等相关待遇，双方长期“两不找”的，应认定双方在此期间不享有和承担劳动法上的权利义务。郭某某自1993年11月起未到被上诉人处工作，长期未向医院提供劳动，医院自1994年4月之后没对郭某某进行管理，也未支付郭某某劳动报酬及相关待遇，双方多年来不享有和承担劳动法上的权利义务。

文件名称/案例名称二

刘某某与西安市某某区饮食服务公司劳动争议一案二审民事判决书

主要内容/观点

上诉人刘某某自1993年起至今一直未在被上诉人单位工作过，被上诉人也未向上诉人刘某某支付过劳动报酬。双方之间的劳动关系是否存续的问题并未解决。故刘某某要求被上诉人西安市某某区饮食服务公司支付其 2005 年 3 月 1 日至 2013 年 8 月 1 日期间工资的上诉请求，无证据证明，法院不予支持。关于刘某某要求被上诉人为其补缴社会保险的上诉请求，因该项争议不属于人民法院劳动争议的受案范围，原审法院不予处理并无不当。

补充说明

（1）因未在 2017—2018 年的案例中找到相关案例，故将案例时间锁定在争议发生较多的 2015 年；（2）有西安中院的案例从双方劳动关系是否存续的角度，以劳动者证据不足的角度驳回劳动者要求补发工资、补缴社保的请求。

地域：重庆市

文件名称/案例名称一

余某会与蒋某槐与重庆某煤电有限责任公司劳动争议二审民事判决书

主要内容/观点

虽然蒋某彬与重庆某煤电有限责任公司从 2008 年 1 月至 2010 年 1 月期间具有劳动关系，重庆某煤电有限责任公司向其发放工资到 2008 年 7 月，之后再未发放工资，但由于 2008 年 7 月中旬之后蒋某彬下落不明未再提供劳动，蒋某槐、余某会要求重庆某煤电有限责任公司支付 2008 年 7 月之后的工资没有事实和法律依据，法院不予支持。

文件名称/案例名称二

《重庆市高级法院民一庭关于九龙坡区法院劳动争议案件法律适用问题研讨会议综述》

主要内容/观点

第六条　劳动者未办理离职手续擅自离开用人单位的，劳动合同解除的时间应当如何确定？

一致意见认为，劳动者未办理离职手续擅自离开用人单位的，用人单位可以按照依法制定的规章制度中关于旷工的规定进行处理。符合法定解除条件的，用人单位可以依法解除劳动合同。但是，解除劳动合同需要有明确的意思表示。

补充说明

此规定说明单位解除劳动合同需要有明确的意思表示，否则不视为解除劳动合同。

文件名称/案例名称三

《重庆市第五中级人民法院关于当前审理劳动争议案件若干实务问题座谈纪要》

主要内容/观点

第六条　劳动者自动离职后，未在法定期限内主张权利。之后，以未收到用人单位解除或终止劳动关系书面通知为由，要求确认与原用人单位继续存在劳动关系的，不予支持。

地域：湖北省

文件名称/案例名称一

黄某河与某工商行政管理局劳动争议再审审查与审判监督民事裁定书

主要内容/观点

《中华人民共和国劳动争议调解仲裁法》（以下简称《劳动争议调解仲裁法》）第二十七条规定，“劳动争议申请仲裁的时效期间为一年。仲裁时效期间从当事人知道或者应当知道其权利被侵害之日起计算。前款规定的仲裁时效，因当事人一方向对方当事人主张权利，或者向有关部门请求权利救济，或者对方当事人同意履行义务而中断。从中断时起，仲裁时效期间重新计算。”劳动关系存在应当具备的要件之一是当事人双方实际履行了劳动法规定的权利义务，劳动者接受用人单位管理，遵守内部规章、制度，为用人单位提供有偿劳动。本案中，在行政机关全面清退临时工国家政策实施的背景下，某工商局与其聘请的所有临时工签订离岗协议，黄某河等人不愿意签订该离岗协议而于2002年外出打工后未再到某工商局上班。在长达十几年的时间内，黄某河与某工商局处于长期“两不找”的状态，亦不存在相互间的劳动权利义务关系，双方间的劳动关系已失去存在的基础，故仲裁委员会认定黄某河与某工商局之间劳动关系在事实上已经实际解除符合客观事实。

文件名称/案例名称二

吴某明与某公共交通集团有限责任公司劳动争议再审审查与审判监督民事裁定书

主要内容/观点

2005 年 7 月至 2015 年 5 月，不管吴某明处于“待岗”状态还是“长期两不找”状态，按照权利义务相一致原则，由于吴某明没有向某公交集团提供任何劳动，某公交集团虽然为其缴纳社会保险费，但并没有向其支付任何劳动报酬。而且吴某明也没有提供证据证明其在长达近十年期间，就此向某公交集团提出过相关主张，应视为吴某明对自己可能享有的权利的放弃。

文件名称/案例名称三

喻某慧与某公共交通集团有限责任公司第四营运公司社会保险纠纷二审民事判决书

主要内容/观点

虽然某公共交通集团于 2005 年 1 月 4 日前仍然保管喻某慧的档案，但没有给喻某慧发放工资或生活费，喻某慧也没有提供劳动，双方之间亦不存在管理与被管理的关系，不符合劳动关系的特征，不应认定双方存在劳动关系。另喻某慧关于要求某公共交通集团为其补缴养老保险和医疗保险的诉讼请求不属于法院的审理范围。

地域：山西省

文件名称/案例名称一

史某与某液压有限公司劳动争议二审民事判决书

主要内容/观点

史某于 1991 年 9 月与某液压有限公司建立劳动关系，2005 年 11 月史某参加了某液压有限公司安排的待岗培训后再未上岗工作，之后某液压有限公司做出解除与史某的劳动关系的决定，但直到 2014 年 7 月才将该决定书面送达史某，故双方的劳动关系存续期间为1991年9月至2014年7月。依据《劳动合同法》第四十六条的规定，用人单位应向劳动者支付经济补偿金，因劳动合同解除前十二个月，史某没有在岗工作，其经济补偿金参照社会保险缴费基数的计算办法，应按照2013年度社会平均工资的60%计算。关于补发工资一节，因其仲裁请求和一审诉讼请求皆为要求某液压有限公司补发待岗期间的生活补助，故其上诉要求补发工资于法无据。关于补缴社会保险费一节，因征缴社会保险费属于社会保险费征缴部门的法定职责，不属于人民法院受理民事案件的范围，对史某的该项主张，法院不予支持。关于住房公积金的请求不属于人民法院受理范围，法院不予支持。关于转移人事档案的请求，因史某在劳动仲裁时并未提出，法院不予支持。

补充说明

案件中存在“两不找”关系问题，法院对该案中这种特殊的劳动关系状态予以认定为劳动关系。因本案中原告在仲裁和一审中未提出补发工资请求，所以法院未予支持。但若在一审中提出该请求，补缴社保问题属于社会保险费用征缴部门法定职责，不属于本案审理范围。

文件名称/案例名称二

平某劳动争议纠纷二审民事判决书

主要内容/观点

1992年起至起诉前，原告未在被告处工作过，1992年9月原告父亲拿走原告档案中加盖“同意调出”的公章，可以确认原被告之间已经不存在劳动关系，法院遂对原告要求补发1992年3月至2014年5月工资的诉讼请求不予支持，对原告要求被告办理退休手续并补发退休工资的诉讼请求不予支持。

补充说明

本案中，原告自1992年起，事实上并未在被告处工作过，被告也未向原告发放工资福利待遇，并于1992年为原告办理了离职手续，原告档案调出被告单位。因此，原被告之间事实上不存在劳动关系。本案中虽存在“两不找”情况，但原被告之间已经通过办理离职手续，调出原告档案等方式结束二者之间的劳动关系，法院遂对原告要求补发工资等请求不予支持。

文件名称/案例名称三

于某与中国某冶金建设有限公司劳动争议一审民事判决书

主要内容/观点

原告自2005年起并未在被告处劳动，二者之间已签订下岗协议，解除劳动关系。自2005—2015年被告为原告缴纳的社会保险费，以及每月156元的生活费，是基于相关政策予以原告下岗协议中保留的下岗待遇，其并不能作为原被告之间存在劳动关系的依据。原告关于补发取暖费、住房公积金、独生子女费的主张不属于劳动争议案件的受理范围，法院对原告诉请不予支持。

补充说明

本案中，被告基于相关政策和退休协议内容，一直以来为原告缴纳社保费用，发放每月156元的生活费用，但这并不能作为认定原被告之间存在相关劳动关系的证据。确认劳动关系存在的唯一依据是是否用工，相关政策协议不能作为劳动关系存在的证明。

文件名称/案例名称四

毕某与某某液压有限公司劳动争议二审民事判决书

主要内容/观点

本案中，毕某属于某某液压有限公司职工，且从1995年10月起在某某液压有限公司上班，事实清楚，证据充分。毕某在待岗状态下，某某液压有限公司长期未给毕某安排工作岗位，违反了相关规定。虽然某某液压有限公司曾于2010年出具了和毕某解除劳动合同的决定，但该决定并未依法送达给毕某，故双方劳动关系并未依法解除，故某某液压有限公司应继续履行和毕某之间的劳动合同，依法安排毕某工作，并为毕某补发待岗期间生活费。毕某主张2009年2月至2015年6月生活费60112元（按当地同期最低工资的80%计算），符合相关法律规定，法院予以支持。关于社会保险费，因某某液压有限公司已经为毕某缴纳了1995年10月至2007年8月的养老保险费；2009年4月至2010年5月医疗保险费、生育保险费，故某某液压有限公司应为毕某缴纳其在职期间其余的社会保险费。

补充说明

在用人单位解除劳动关系的通知未送达劳动者的情况下，不能视为劳动关系已解除。在这样劳动关系虽未解除，但已经实际停滞的状态下，用人单位不负担继续发放工资的义务。

文件名称/案例名称五

韩某平与阳泉某某中小企业投资管理集团第三有限公司、阳泉市某某建筑安装有限责任公司劳动争议二审民事判决书

主要内容/观点

阳泉某某局三矿综合服务公司与上诉人韩某某平签订的劳动合同，已于1996年8月20日期满。此后，韩某平未到阳泉某某局三矿综合服务公司工作，双方也并未建立事实劳动关系。现韩某平向阳泉某某局三矿综合服务公司的权利义务承继人某某中小企业三公司主张权利，没有事实依据。被上诉人某某建筑安装有限公司与韩某平也不存在劳动合同关系，韩某平主张恢复劳动关系，并赔偿其养老金损失，无事实依据，法院不予支持。

补充说明

合同期届满后，原被告之间的劳动关系已经解除，劳动者未再到用人单位处工作，用人单位也未再要求其工作，实际上也未形成事实上的用工关系，劳动关系解除，用人单位没有义务继续为其缴纳社会保险费用。

文件名称/案例名称六

肖某与中铁某某局集团有限公司劳动争议二审民事判决书

主要内容/观点

1988年12月30日，肖某与中铁某某局签订《停薪留职协议》，协议约定，肖某停薪留职期一年，期满办理调出手续，逾期按自动离职处理。停薪留职期满半年后，中铁某某局于1990年6月30日做出《关于给肖某予以除名的决定》。决定认为，肖某停薪留职期满后，既未要求继续延长停薪留职期限，也未要求组织安排工作，无故旷工，决定对肖某予以除名。该除名决定符合当时的有关法律、法规的规定及双方在《停薪留职协议》中的约定。中铁某某局

未将除名决定书面通知肖某，在送达程序上确实存在瑕疵。肖某在停薪留职期满后二十余年内，不接受中铁某某局的劳动管理，未从事中铁某某局安排的有报酬的劳动；肖某与中铁某某局之间长期互不履行劳动权利义务，劳动法律意义上的权利义务关系早已不存在。

补充说明

因违反企业规章制度停薪留职长期不归后，劳动者与用人单位之间的劳动关系不复存在，用人单位不负担为原告恢复工作补缴社保的义务。

文件名称/案例名称七

徐某风与某某液压有限公司劳动争议二审民事判决书

主要内容/观点

劳动关系应当依法解除。用人单位解除劳动关系必须以明示的方式为之。上诉人虽曾于 2013 年出具了和被上诉人解除劳动合同通知书，但上诉人并未提供充分证据证明已将该通知书依法送达被上诉人，故法院无法认定双方之间已经解除了劳动关系；劳动者长期未提供劳动，用人单位又未依法与其解除劳动关系，双方形成长期“两不找”，应当认定双方劳动关系处于中止履行状态，在此期间双方互不享有和承担《劳动法》上的权利义务。本案中，被上诉人徐某风于 2012 年 10 月开始便未再到上诉人处上班，双方长期“两不找”，故法院对其要求上诉人为其补发在此期间生活费的诉讼主张，不应予以支持；关于仲裁时效，《最高人民法院关于审理劳动争议案件适用法律若干问题的解释(二)》第一条第二款规定：“因解除或者终止劳动关系产生的争议，用人单位不能证明劳动者收到解除或者终止劳动关系书面通知时间的，劳动者主张权利之日为劳动争议发生之日。”依据该条规定，本案的仲裁时效并未超过；关于被上诉人要求上诉人为其补缴社会保险费一节，因社会保险费争议属于社会保险费征缴部门应当处理的事项，不属于人民法院受理劳动争议案件的范围，故对被上诉人的该项诉讼请求，法院不予支持。

文件名称/案例名称八

郑某与山西某某电子设备厂劳动争议二审民事判决书

主要内容/观点

上诉人郑某与被上诉人山西某某电子设备厂存在劳动关系。山西某某电子设备厂根据国家政策和单位经营状况，制定了对富余人员和挂靠人员的管理办法。2012 年 7 月双方签订的《代缴保险及公积金协议》约定，山西某某电子设备厂代缴各项保险金、公积金，单位缴费部分也由个人负担，个人实际缴费比例为个人缴费比例与单位缴费比例之和。据此，1998 年 7 月至 2016 年 3 月期间郑某与山西某某电子设备厂的劳动关系处于中止状态，山西某某电子设备厂无义务为郑某发放生活费及缴纳社会保险、住房公积金，双方约定在此期间的费用由个人负担。现上诉人郑某要求山西某某电子设备厂支付此期间的生活费及返还已交纳的社会保险、住房公积金的请求没有依据，上诉人郑某的上诉理由不能成立，法院对上诉请求不予支持。

补充说明

本案存在“两不找”关系问题，法院将该案中这种特殊的劳动关系状态认定为劳动关系中止。因劳动者与用人单位约定由用人单位代缴社会保险、住房公积金，而实际由个人负担，所以法院对劳动者的上诉理由不予支持。

地域：云南省

文件名称/案例名称

查某某与丘北县某林业局林业承包合同纠纷案

主要内容/观点

《劳动争议调解仲裁法》第二十七条规定：“劳动争议申请仲裁的时效期间为一年。仲裁时效期间从当事人知道或者应当知道其权利被侵害之日起计算。”在本案中，查某某与丘北县某林业局在 1996 年承包车辆收回之后便互不履行劳动者与用人单位之间的权利义务，且查某某自行陈述其曾向丘北县某林业局反映过这些问题。综合以上客观事实，查某某在丘北县某林业局于 1996 年收回承包车辆后，既不安排其工作、也不向其发放工资之时就应当知道其权利受到侵害，但查某某直至 2016 年 11 月 14 日才向劳动部门申请仲裁，该申请已经超过了法律规定的仲裁时效。

地域：山东省

文件名称/案例名称

杨某与山东某交通运输公司劳动争议再审民事判决书

主要内容/观点

杨某1983年10月在运输公司参加工作后，1994年杨某被安排到公司选煤厂工作至1994年年底。2000年杨某购买汽车跑出租，2002年5月16日将车卖掉。双方对该事实没有异议。运输公司认为，杨某于1994年6月开始承包公司车辆进行经营，对此杨某予以否认，运输公司没有提交该主张的有关证据，亦未提交杨某自1994年年底离开选煤厂至2002年5月16日将车卖掉期间运输公司为杨某安排了其他工作的证据。劳动部《关于贯彻执行劳动法若干问题的意见》第58条规定：企业下岗待工人员，由企业依据当地政府的有关规定支付其生活费，生活费可以低于最低工资标准。《山东省企业工资支付规定》第三十一条规定：……企业没有安排劳动者工作，劳动者没有到其他单位工作的，应当按照不低于当地最低工资标准的70%支付劳动者基本生活费。杨某主张1995—2002年待岗期间的生活费，符合规定，法院予以支持。杨某要求运输公司支付医疗保险金及住房公积金的再审申请理由，不属于人民法院受理民事诉讼案件的范围，原审不予处理正确。杨某可向劳动行政部门要求处理。

补充说明

劳动争议案件申请仲裁的时效期间为一年，劳动关系存续期间，因拖欠劳动报酬发生争议的，劳动者申请仲裁不受仲裁时效期间的限制，对于基本生活费是否属于劳动报酬的范畴及支付基本生活费的申请是否适用仲裁申请时效，通过检索山东省生效判决来看，法院间存在不同观点。

地域：安徽省

文件名称/案例名称一

合肥某工贸有限公司与代某劳动争议二审民事判决书

主要内容/观点

代某为某工贸公司在上游企业从事“带货”等代办业务，某工贸公司绘制工资表，并通过现金发放、银行打卡等方式向代某发放工资、社保费用。虽未签订合同，但双方主体资格均符合《劳动法》的有关规定，可以认定双方存在事实劳动关系。2013 年 2 月至 2015 年 2 月，某工贸公司主张在此期间，代某并未为其提供服务，也未正常出勤上班，并提供证人证言予以佐证；代某在二审中陈述在此期间因生产请假几个月，其他时间均正常劳动，但并未提供证据予以佐证，故法院依法采信某工贸公司的主张。一审认定代某与某工贸公司存在劳动关系，且 2013 年 2 月至 2015 年 2 月期间双方劳动关系处于中止状态，并按照代某实际工作年限计算经济补偿金 10800 元并无明显不当，法院予以维持。

文件名称/案例名称二

艾某与合肥某人力资源管理有限公司劳动争议一审民事判决书

主要内容/观点

劳动者的合法权利受法律保护。原告艾某主张自 2009 年 9 月起双方存在劳动关系，对此其提供了银行个人账户明细表和有被告法定代表人签字的费用报销报告予以佐证，根据《关于确立劳动关系有关事项的通知》第二条规定，用人单位未与劳动者签订劳动合同，认定双方存在劳动关系时可参照下列凭证：（一）工资支付凭证或记录（职工工资发放花名册）、缴纳各项社会保险费的记录……其中，（一）、（三）、（四）项的有关凭证由用人单位负举证责任。现原告艾某已就双方存在劳动关系进行了初步举证，被告合肥某公司虽否认双方之间存在劳动关系，但其未根据相关法律规定提供相应证据证明，故应承担举证不能的不利法律后果。综上，对原告艾某陈述双方自 2009 年 9 月起存在事实劳动关系的事实，法院予以确认。原告艾某在仲裁程序中申请书上陈述“2010 年 2 月 13 日春节放假后，被申请人一直未通知申请人到公司上班，工资也未发给申请人，申请人一直处于闲置状态”，其在本案中又陈述其 2010 年 2 月以后为被告提供刊登公告等工作，但这些工作都是经案外人艾某某安排的。劳动关系是指用人单位招用劳动者为其成员，劳动者在用人单位的管理下提供有报酬的劳动而产生的权利义务关系。因此，正常状态下的劳动关系应当以劳动者提供劳动为基础，劳动者需接受用人单位的管理。原告未能提供有效证据证明 2010 年 2 月以后，其接受被告的直接管理，并在被告的安排下提供劳动，被告此后也未向其支付劳动报酬，故双方之间的事实劳动关系自 2010 年 2 月起解除，现原告主张 2010 年 2 月以后的工资于法无据。根据《劳动争议调解仲裁法》第二十七条的规定，劳动争议申请仲裁的时效期间为一年，仲裁时效期间从当事人知道或者应当知道其权利被侵害之日起计算。因当事人一方向对方当事人主张权利，或者向有关部门请求权利救济，或者对方当事人同意履行义务而中断。本案原告工资主张被告自 2009 年 12 月即拖欠其工资，至 2010 年 2 月 13 日，被告既未安排其工作，也未支付其工资，此时原告应当知道自身的权利受到侵害，其于 2016 年 6 月 27 日向合肥市瑶海区劳动争议仲裁委员会提起争议仲裁，超过法律规定的一年仲裁时效期间，且原告未能提供有效证据证明存在仲裁时效中止、中断等情形，故法院对原告的诉讼请求，不予支持。

补充说明

存在两种不同观点：（1）长期“两不找”劳动者与用人单位之间劳动关系处于中止状态，法院对劳动者补发工资、补缴社保的主张予以支持；（2）“两不找”劳动者，在“两不找”期间未接受用人单位的直接管理，并未提供劳动，双方之间的劳动关系自不再提供劳动之日解除，法院对劳动者补发工资、补缴社保的主张不予支持。

支持补缴社保的法院认为，社会保险所需费用经社会保险经办机构核定后，由用人单位与劳动者按比例分担。

地域：天津市

文件名称/案例名称

王某某与天津某家居装饰材料市场管理有限公司劳动争议二审民事判决书

主要内容/观点

上诉人王某某在二审庭审中自认以下事实：（1）2006 年 1 月至 2016 年 5 月其处于离岗挂编的状态，未向被上诉人某家居装饰材料市场管理有限公司提供劳动。（2）2016 年 5 月 18 日至被上诉人某家居装饰材料市场管理有限公司处报到后上诉人又因听候被上诉人某家居装饰材料市场管理有限公司调岗通知而未到岗工作。基于上述事实，上诉人王某某既未向被上诉人某家居装饰材料市场管理有限公司提供劳动，未履行劳动合同的主要义务，也未能证明被上诉人承诺待岗期间向上诉人王某某按不低于天津市最低工资标准支付工资的事实，现上诉人向被上诉人主张工资并无事实及法律依据，法院不予支持。

地域：江苏省

文件名称/案例名称

刘某某与靖江市某有色金属材料有限公司经济补偿金纠纷二审民事判决书

主要内容/观点

2013 年 3 月 23 日后至劳动合同解除期间，虽然双方对未上班的原因各执一词，事实上刘某某一直未提供劳动，某有色金属材料公司也未通知刘某某上班，刘某某、某有色金属材料公司均未对劳动合同做出处理，根据《江苏省工资条例》的相关规定，上述期间已经超过一个工资发放周期，且某有色金属材料公司没有安排刘某某工作，应当按照不低于当地最低工资标准的百分之八十支付给刘某某生活费。